财务管理理论与实践研究

彭克辉　陈丽苹　主编

延边大学出版社

图书在版编目（CIP）数据

财务管理理论与实践研究 / 彭克辉，陈丽苹主编
. -- 延吉 ： 延边大学出版社, 2023.9
ISBN 978-7-230-05620-5

Ⅰ．①财… Ⅱ．①彭… ②陈… Ⅲ．①财务管理－研
究 Ⅳ．①F275

中国国家版本馆CIP数据核字(2023)第192021号

财务管理理论与实践研究

主　　编：彭克辉　陈丽苹
责任编辑：耿亚龙
封面设计：文合文化
出版发行：延边大学出版社
社　　址：吉林省延吉市公园路977号　　　　邮　　编：133002
网　　址：http://www.ydcbs.com　　　　　E-mail：ydcbs@ydcbs.com
电　　话：0433-2732435　　　　　　　　传　　真：0433-2732434
印　　刷：三河市嵩川印刷有限公司
开　　本：710×1000　1/16
印　　张：12.5
字　　数：250 千字
版　　次：2023 年 9 月 第 1 版
印　　次：2024 年 1 月 第 1 次印刷
书　　号：ISBN 978-7-230-05620-5

定价：65.00元

编 写 成 员

主　　编：彭克辉　陈丽苹

副 主 编：赫荣星　崔延君　孙丛育　李　杰

编写单位：汝南县园林绿化中心

　　　　　开滦集团实业发展有限责任公司

　　　　　青岛市黄岛区中医医院

　　　　　中国二冶集团四川分公司

　　　　　威海文毓建设有限公司

　　　　　茌平建筑设计院

前　言

如今，在经济快速发展的形势下，市场主体的规模也在不断扩大，相应的组织形式日益多样化，所以企业财务管理模式也顺应经济发展潮流及时予以改变，以此来更好地协助企业实现社会经济效益。企业的发展是社会发展的前提，财务管理是企业经营发展的重要一环，为企业的发展打下基础，这就需要企业重视财务管理内部控制工作，在可控的范围内优化资源配置，为企业发展提供坚实的基础。

社会经济正朝着知识经济的方向发展，财务管理和企业资金利用效率之间是正向的关系，构建财务管理创新机制可以显著提高资本控制与释放红利的能力，最终获取巨额利润。

《财务管理理论与实践研究》一书共分五章，字数 25 万余字，主要内容包括财务管理基础知识、行政事业单位与企业财务管理之间的关系、行政事业单位与企业财务税收管理、行政事业单位财务会计与管理会计的融合、企业管理会计应用的"中国式路径"选择。该书由汝南县园林绿化中心彭克辉、开滦集团实业发展有限责任公司陈丽苹担任主编。其中第三章及第四章由主编彭克辉负责撰写，字数 10 万余字；第一章、第二章及第五章由主编陈丽苹负责撰写，字数 15 万余字；副主编由赫荣星、崔延君、孙丛育、李杰担任并负责全书统筹，为本书出版付出大量努力。

在撰写本书的过程中，笔者参阅了大量文献资料，在此向相关作者表示由衷的感谢。由于笔者水平有限，书中难免有所疏漏，敬请广大读者和各位同行批评、指正。

笔者

2023 年 7 月

目　录

第一章　财务管理概述

第一节　财务管理基础知识

　　财务管理是对企业经营过程中的财务活动进行预测、组织、协调、分析和控制的管理活动。随着市场经济的不断发展和完善，企业的财务活动日益丰富，也日益复杂，在企业整个经营活动中处于举足轻重的地位，其成效在一定程度上关系到企业的未来。

一、财务管理的概念及相关理论

（一）财务管理的概念

　　财务管理是在一定的整体目标下，关于资产的购置（投资）、资本的融通（筹资）和经营中现金流量（营运资金）及利润分配的管理。财务管理是企业管理的一个组成部分，它是根据财经法规制度，按照财务管理的原则，组织企业财务活动，处理财务关系的一项经济管理工作。简单地说，财务管理是组织企业财务活动、处理财务关系的一项经济管理工作。

（二）财务管理相关理论

1.资本结构理论

资本结构理论是研究公司筹资方式及结构与公司市场价值关系的理论。

1958 年，莫迪利安尼（Franco Modigliani）和米勒（Merton Miller）的研究结论是，在完善和有效率的金融市场上，企业价值与资本结构和股利政策无关，即 MM 理论（莫迪利安尼—米勒理论）。

2.现代资产组合理论与资本资产定价模型

现代资产组合理论是关于最佳投资组合的理论。1952 年，马科维茨（Harry Markowitz）提出了该理论。他的研究结论是，只要不同资产之间的收益变化不完全呈正相关，企业就可以通过资产组合方式来降低投资风险。

资本资产定价模型是研究风险与收益关系的理论。夏普（William Sharpe）等人的研究结论是，单项资产的风险收益率取决于无风险收益率、市场组合的风险收益率和该风险资产的风险。

3.期权定价理论

期权定价理论是有关期权（股票期权、外汇期权、股票指数期权、可转换债券、可转换优先股、认股权证等）的价值或理论价格的理论。1973 年，斯科尔斯（Myron Samuel Scholes）提出了期权定价模型。20 世纪 90 年代以来，期权交易已成为世界金融领域的主旋律。

4.有效市场假说

有效市场假说是研究资本市场上证券价格对信息反映程度的理论。若资本市场在证券价格中反映了全部相关信息，就称资本市场是有效率的。在这种市场上，证券交易不可能取得经济利益。该理论的主要贡献者是法玛（Eugene Fama）。

5.代理理论

1976 年，简森（Michael C. Jensen）和麦克林（William H. Meckling）在《财务经济学刊》上发表的《公司理论：管理行为、代理成本和所有权结构》中，提出了代理理论。

代理理论认为，作为代理人的管理层与作为所有者的股东的利益目标是不一致的，管理层追求自身利益的最大化，而不是股东利益最大化，所以应建立激励机制，使管理层的目标趋于股东的目标。

二、财务管理的特点

（一）涉及面广——财务管理与企业内外部联系广泛

首先，就企业内部而言，财务管理活动涉及企业生产、供应、销售等环节，企业内部各个部门与资金不发生联系的现象是不存在的。每个部门也都在合理使用资金、节约资金支出、提高资金使用率上接受财务的指导，受到财务管理部门的监督和约束。同时，财务管理部门本身为企业生产管理、营销管理、质量管理、人力物资管理等活动提供及时、准确、完整、连续的基础资料。

其次，现代企业的财务管理也与企业外部各利益主体形成各种关系。在市场经济条件下，企业在市场上进行融资、投资以及收益分配的过程中，与各种利益主体产生联系，形成各种关系，主要包括企业与其股东之间、企业与其债权人之间、企业与政府之间、企业与金融机构之间、企业与其供应商之间、企业与其客户之间、企业与其内部职工之间等的关系。

（二）综合性强——财务管理是综合性的管理工作

现代企业制度下的企业管理是一个由生产管理、营销管理、质量管理、技术管理、设备管理、人事管理、财务管理、物资管理诸多子系统构成的复杂系统。诚然，其他管理都是从某一方面，大多采用实物计量的方法，对企业在生产经营活动中的某一个部分实施组织、协调、控制，所产生的管理效果只能对企业生产经营的局部起到制约作用，不可能对整个企业的运营进行管理。财务管理则不同，作为一种价值管理，它包括筹资管理、投资管理、权益分配管理、成本管理等，这是一项综合性强的经济管理活动。正因为是价值管理，所以财务管理可以通过资金的收付及流动的价值形态，及时、全面地反映商品物资运行状况，并通过价值管理形态进行商品管理。也就是说，财务管理渗透在全部经营活动之中，涉及生产、供应、销售每个环节和人、财、物各个要素，所以企业内部管理以财务管理为突破口，通过价值管理来协调、控制企业的生产经营活动。

（三）灵敏度高——财务管理能迅速反映企业生产经营状况

在现代企业制度下，企业成为面向市场的独立法人实体和市场竞争主体，企业经营管理目标为经济效益最大化，这是现代企业制度要求投入资本实现保值增值所决定的，也是社会主义现代化建设的根本要求所决定的。因为，企业要想生存，必须能以收抵支、到期偿债；企业要发展，必须扩大收入。收入增加意味着人、财、物相应增加，都将以资金流动的形式在企业财务上得到全面反映，并对财务指标的完成产生重大影响。因此，财务管理是一切管理的基础、管理的中心。抓好财务管理就是抓住了企业管理的"牛鼻子"，管理也就落到了实处。

三、财务管理的内容及对象

（一）财务管理的内容

财务管理是对价值量的管理，资金运动就是以价值形式综合地反映企业的再生产过程，即企业将拥有的资金用于购买生产经营所需要的房屋、建筑物、设备、原材料等劳动资料和劳动对象。然后，劳动者运用一定的劳动资料将劳动对象加工成新的产品，并将生产中消耗掉的劳动资料、劳动对象和活劳动的价值转移到产品中去，创造出新的价值；通过实物商品的出售，转移价值和新创造的价值得以实现。

在以上过程中，资金的形态在不断发生变化，从最初的储备资金形态变化为实物资料形态，继而进入生产资金形态，完工后成为实物商品形态，出售后又恢复到货币资金形态，周而复始，不断循环，形成资金运动。

财务管理的内容就是在企业资金运动过程中形成的各种财务活动，它们是相互联系、相互依存和相互影响的。财务管理大致可以分为以下 4 个方面。

1.与筹资有关的财务活动

在商品经济条件下，企业要想从事经营，就必须筹集到一定数量的资金，这也是企业资金运动的起点。企业可以通过吸收直接投资、发行股票和企业内部留存收益等自有资金的方式取得，也可以通过向银行借款、发行债券和商业信用等方式取得。

企业筹集到的资金，表现为资金的流入。与此相对应，企业偿还借款、支付利息和股息等，则表现为资金的流出。这些资金收付活动就是由于资金筹集而产生的财务活动。

2.与投资有关的财务活动

企业筹集资金的目的就是将资金用于生产经营活动中，以便获得利润，不断增加企业价值。企业把筹集到的资金投资于企业内部，用于购置固定资产和无形资产等，便形成企业的对内投资；企业把筹集到的资金用于购买其他企业的股票、债券或对其他企业进行直接投资，便形成企业的对外投资。无论企业是对内投资还是对外投资，都需要支出资金，而当企业变卖对内投资形成的各种资产或收回对外投资时，则会产生收入。这些资金收付活动就是由于资金投放而产生的财务活动。

3.与经营有关的财务活动

企业在正常的经营过程中，也会发生一系列的资金收付。例如，采购材料、商品、低值易耗品以及支付工资和各种费用产生的资金流出；销售取得收入收回资金以及通过合理占用应付款项等方式形成的资金流入。这些资金收付活动就是由于经营活动而产生的财务活动。

4.与分配有关的财务活动

企业将资金投放和使用后，会取得收入并实现资金的增值，即产生利润。收入补偿生产经营中的各种成本、费用、销售税金后有剩余，为企业的息税前利润，即支付利息及缴纳所得税之前的收益。

息税前利润在支付债权人的利息以后，即税前利润；再依法缴纳所得税，即税后利润；税后利润是企业的净利润，在弥补亏损、提取公积金之后，向投资者分配利润。这个过程中的资金收付就是由于利润分配而产生的财务活动。

上述 4 个方面的财务活动，就是财务管理的基本内容。

（二）财务管理的对象

财务管理的对象是企业的资金及其运动。

资金运动是企业再生产过程中客观存在的经济现象，其存在的基础是商品经济。企业的再生产过程由使用价值和价值两方面组成。其中使用价值的再生产过程指物资的生产和交换，称为物资运动过程；价值的再生产过程就是物资的价值运动过程，指价值的形成与实现，通常用货币表示。物资价值的货币称为资金，物资的价值运动称为资金运动。企业资金运动从货币资金形态开始，依次经过储备资金、生产资金、成品资金、结算资金形态，最终回到货币资金形态。这一运动过程称为资金的循环。

具体来讲，企业资金的循环过程为：

（1）筹集资金，通过各种渠道，采取恰当的方式，取得货币资金。

（2）支付货币资金，建造厂房，购买设备和原材料，将货币资金转化为固定资金和储备资金。

（3）通过生产，原材料依次形成在产品、产成品，储备资金转变为生产资金和成品资金。

（4）销售产成品，形成结算性债权，收回货币资金。

（5）以部分货币资金缴纳税金和分配利润。

企业再生产过程不断进行，资金运动也周而复始，这便形成了资金循环。

企业资金运动具有特殊的规律。从总体上看主要表现为以下两方面：

（1）资金运动具有空间上的并存性和时间上的继起性，即在空间上同时并存于货币资金和采购、存储、生产、销售、分配阶段的各种资金，在时间上各阶段的资金相继向下一阶段转换。如果资金过多地集中于某一阶段，而其他阶段资金短缺或空白，循环过程就会不畅。因此，应合理配置资金，保证资金周转的畅通无阻。

（2）资金运动与物资运动既具有一致性，又相互背离。一方面，物资运动是资金运动的基础，资金运动反映着物资运动，二者具有一致的一面，体现了再生产过程的实物形态和价值形态本质上的联系；另一方面，资金运动又可能背离物资运动，呈现一定的独立性。比如，由赊购、赊销商品产生的实物和货币资金在流量上的不一致，由固定资产折旧等物质损耗造成的价值单方面增值，等等。因此，从事财务管理既要着眼于物资运动，保证供产销活动的顺利进行，又要充分利用二者的背离性，合理组织资金运动，以较少的价值投入获取较多的使用价值，提高企业经济效益。

四、财务管理的目标

财务管理的目标是指财务管理所要达到的最终目的。财务管理是企业管理的重要组成部分，其目标应该与企业的总体目标一致。财务管理的目标决定着财务管理的基本内容和方法。根据现代企业管理的理论和实践，财务管理的目标分为总体目标和具体目标。

（一）财务管理的总体目标

财务管理的总体目标是企业财务活动的最终目标。目前，理论界提出的财务管理的总体目标主要有以下几种。

1.利润最大化

传统的财务管理都把追求最大利润作为最终目标。利润最大化通常也被作为公司的目标。企业是以营利为目的的经济组织，因此将财务管理的目标确定为实现企业利润最大化，这与企业追求的最终目标是一致的。

这种目标的优点：一是简明实用，符合传统观念对利润指标的理解；二是便于理解，计算方便；三是有利于企业加强管理，增加利润。

缺点：一是没有考虑资金的时间价值；二是没有考虑风险因素；三是片面追求利润最大化可能导致企业短期行为。

2.资本利润率最大化或每股利润最大化

资本利润率是企业在一定时期的税后利润与投资者投入资本额的比率。

资本利润率最大化克服了利润最大化目标的不足：首先，该目标将企业在一定时期实现的利润与投资者投入的资金联系起来，反映了投入与产出之间的关系，较全面地说明了企业的经济效益水平；其次，有利于不同规模或同一企业不同时期获利水平的比较；再次，通过对资本利润率或每股利润指标的分析，可以看出企业未来的发展前景，确定企业的投资方向和规模。

同利润最大化目标一样，资本利润率最大化或每股利润最大化目标也未考虑资金的时间价值和风险。

3.企业价值最大化

企业价值最大化也称股东财富最大化，就是指企业值多少钱。在商品经济条件下，企业可以作为一种商品进行买卖。如果企业作为一个整体，就可通过市场评价来确定企业的买卖价格或价值。作为投资者，将资金投入企业，既希望受托的经营者通过生产经营活动和资金运作，来获取更多的利润，同时也要求企业的经营者使自己所拥有的资产保值并增值，使企业的价值最大化。只有资产增加了，生产规模扩大了，企业价值提高了，企业才能创造更多的财富，才有抵御经营风险和财务风险的能力，才能注重长远利益，在财务决策中，站在维护股东利益的角度，保障企业长期稳定发展。

企业价值最大化作为财务管理的目标具有以下优点：一是企业价值最大化目标考虑了货币时间价值因素和风险问题，企业的利润越高，发展潜力越大，企业的价值也就越高。二是避免企业的短期行为。企业价值最大化不仅注重企业现在的利润，还关注企业未来的发展。

（二）财务管理的具体目标

财务管理的具体目标是为实现财务管理的总体目标而确定的分阶段的奋斗目标。只有各阶段、各环节的财务工作做好了，才能完成财务管理的总体目标。

按照资金运动的顺序分，财务管理分为筹资管理、投资管理和资金分配管理三部分，各部分的财务管理工作都有其特色和内容，相应的各阶段财务管理工作追求的目标也不一致。

1.筹资管理目标

筹资活动是企业财务活动的基础，也是企业资金运作和从事其他财务活动的前提条件。筹资管理目标是以最少的资金成本和较小的筹资风险，获得同样多或较多的资金。

2.投资管理目标

投资过程就是使用资金的过程，包括对外投资和对内投资。对外投资如购买债券、股票等；对内投资如购买材料、购置固定资产、支付工资等。投资管理的目标是以最少的投资额与最小的投资风险，获取最大的投资收益。

3.资金分配管理目标

资金分配就是对获取的收益进行的分配，包括分配股东的股利、提取公积金等。资金分配管理的目标是合理确定利润的留存、分配比例及分配方式，提高企业的潜在收益能力。

第二节　财务管理的体制

　　财务管理体制是指划分企业财务管理方面的权责利关系的一种制度，是财务关系的具体表现形式。一般来说，包括企业投资者与经营者之间的财务管理体制和企业内部的财务管理体制两个层次。企业集团财务管理体制是明确集团各财务层级财务权限、责任和利益的制度，其核心问题是如何配置财务管理权限，其中又以分配母公司与子公司之间的财权为主要内容。

一、财务管理体制的类型及模式选择

（一）财务管理体制的类型

　　财务管理体制按其集权化程度可分为集权式财务管理体制、分权式财务管理体制和混合式财务管理体制。

　　1.集权式财务管理体制

　　所谓集权制，就是指重大财务决策权都集中在母公司，母公司对子公司采取严格控制和统一管理方式的财务管理体制。

　　集权制的优点：①由集团最高管理层统一决策，有利于规范各成员企业的行动，促使集团整体政策目标的贯彻与实现；②最大限度地发挥企业集团各项资源的复合优势，集中力量，达到企业集团的整体目标；③有利于发挥母公司财务专家的作用，降低子公司财务风险和经营风险；④有利于统一调度集团资金，保证资金头寸，降低资金成本。

　　但集权制的缺点也很明显：①集权制首先要求最高决策管理层必须具有极高的素质与能力，同时必须能够高效率地汇集起各方面的信息资料，否则可能导致主观臆断，出现重大的决策错误；②财务管理权限高度集中于母公司，容易挫伤子公司的积极性，抑制子公司的创造性；③还可能由于信息传递时间长，延误决策时机，缺乏对市场的应变力。

2.分权式财务管理体制

分权制是指大部分的重大决策权集中在子公司，母公司以间接方式对子公司进行管理的财务管理体制。

分权制的优点：①可以调动子公司各层次管理者的积极性；②对市场信息反应灵敏，决策快捷，易于捕捉商业机会，增加创利机会；③使最高层管理人员将有限的时间和精力集中于企业最重要的战略决策问题上。

分权制的缺点：①难以统一指挥和协调，有的子公司因追求自身利益而忽视甚至损害公司整体利益；②弱化母公司财务调控功能，不能及时发现子公司面临的风险和重大问题；③难以有效约束经营者，从而使子公司出现"内部控制人"问题。

3.混合式财务管理体制

混合制，即适度的集权与适度的分权相结合的财务管理体制。恰当地将集权与分权相结合，既能发挥母公司财务调控职能，激发子公司的积极性和创造性，又能有效降低子公司的经营风险。所以，适度的集权与分权相结合的混合制是很多企业集团所采用的。但是如何把握其中的"度"，则是一大难题。

（二）企业内部财务管理体制的模式选择标准

由于企业内部财务管理体制是构建企业财务运行机制的基础和前提，因而合理选择企业内部财务管理体制就显得很重要。《企业财务通则》要求："企业实行资本权属清晰、财务关系明确、符合法人治理结构要求的财务管理体制。企业应当按照国家有关规定建立有效的内部财务管理级次。企业集团公司自行决定集团内部财务管理体制。"

企业财务管理体制选择是否恰当，主要根据以下标准来判断。

1.是否有利于企业建立稳健高效的财务管理运行机制

构建反映现代企业制度的企业内部财务管理体制，目的在于引导企业建立

"自主经营、自负盈亏、自我发展、自我约束"的财务运行机制，从而形成一套完整的自我控制、自我适应的系统。由于财务机制是财务管理体制最直接、最灵敏的反映，其有效运行是财务体制构建的重要目标，因此在构建财务管理体制时，关键是看其是否有利于财务管理机制的有效运行。

2.是否有利于调动企业经营者、管理者的积极性、主动性、创造性

财务管理是企业管理的一部分，因此企业能否成功地构建内部财务管理体制，很大程度上取决于是否把各级经营者、管理者的积极性调动起来。

只有把企业内部各级经营者、管理者的积极性调动起来，使其出于对自身利益的追求，自觉地把个人利益与企业利益、个人目标与企业目标有机结合起来，才能形成一股强大的凝聚力。

3.是否有利于加强企业的内部管理

财务管理是企业管理各项工作的综合反映，它与企业管理的各项工作密切相关，它们之间相互制约、相互促进。同时，财务管理本质上是处理企业内外各种经济利益关系。因而，成功地构建企业内部财务管理体制能够强化企业内部管理。

4.是否有利于提高企业经济效益

经济效益是衡量企业管理水平的标志，企业内部财务管理体制构建的目的是为企业管理提供服务并有利于经济效益的提高。因此，企业内部财务管理体制构建得成功与否，也可以通过企业经济效益的好坏来判断。

二、企业内部财务管理体制的主要内容

企业内部财务管理体制的主要责任是在特定经济环境下正确处理企业内外各方面经济利益关系，因而它主要包括以下五个方面的内容。

1.确定与企业内部经营组织形式相关的财务管理体制类型

企业的生产技术特点和经营规模不尽相同，因此各企业内部的经营组织形式也有所不同，不同的企业内部经营组织形式决定不同的内部财务管理体制。

2.确定与企业内部各财务管理单位的经济责任相适应的财务责任

企业内部各财务单位所承担的经济责任不同，其财务责任也应有所区别。因而，完全独立生产经营的成员企业，其在财务上应该承担自负盈亏的责任；而相对独立生产经营的内部单位，应根据是否具有相对独立的生产经营能力分别确定财务责任，并以指标分解的形式落实。例如，在资金管理方面，要为企业内部各部门、各层级核定流动资金占用额、利用效果和费用定额指标。车间、仓库对占用的流动资金要承担一定的经济责任并定期进行考核，对超计划占用的流动资金应支付相应的利息。同时，应为各部门核定收入和支出指标，通过收入、支出的对比，确定经营成果，并将成本或费用指标分解落实到各车间和部门，作为支出的计划指标。各车间生产的产品和半成品以及各部门提供的劳务均应按照内部结算价格结算支付，作为车间和各部门的收入指标。在利润管理方面，应分解企业利润，以确定内部利润，使车间、部门利润与企业利润相挂钩。

3.确定与企业内部财务管理单位财务责任大小相一致的财务权限

由于部分内部成员企业能够承担自负盈亏的责任，因而应该给予其独立进行筹资、投资，进行收益分配的财权；对于相对独立的企业内部各部门，则应分别给予投资决策权、内部利润取得与分配权以及成本费用的开支与控制权。

4.根据内部结算价格计价结算，确认各单位履行职责的效果

企业内部的材料和半成品的领用、半成品和成品的转移等都要按照实际数量和内部转移价格进行结算，并且采用一定的结算凭证办理相关手续，以划清各自的收支，分清经济责任，便于奖惩。因此，企业应制定完善的内部结算办法，并建立内部结算中心。

5.根据承担的财务责任的大小以及履行情况来确定物质利益的多少

承担自负盈亏的内部成员企业，其工资总额应由该成员企业控制使用，税后利润向企业集团交纳一定管理费用后，应由成员企业按国家规定自主分配；而相对独立的内部单位，其工资总额由企业总部控制，与各单位完成责任指标

挂钩的工资，可分别交由这些单位掌握使用，企业税后利润分配应统一由企业总部进行。

三、财务管理体制存在的问题及相应对策

（一）财务管理体制存在的问题

任何一项制度都是在相应的经济和社会环境中产生并与之相适应的，当导致它产生的经济或社会环境发生较大变化时，这项制度就需要改革创新，否则会被新的制度取代，财务管理制度亦是如此。我国企业财务管理体制与现阶段经济和社会环境不相符的地方，主要体现在以下几个方面：

1.财务组织与决策体制不科学

在财务组织架构上，我国长期将会计与财务混为一谈，财务和会计不分。一直到现在，由于企业并未强化财务功能，因此财务管理无法成为真正意义上的管理。

在财务决策方面，一些企业更是缺乏科学的程序和制度，对资金的筹措和使用缺乏科学的计划，很多重要的财务活动都由企业主要负责人说了算，受个人主观因素影响，专断性较强。

2.财务控制体系不健全，风险意识不强

我国企业现阶段的财务控制大多属于事后控制，事前缺乏预算，事中缺乏时时监控，事后审计监督也难免存在走过场的问题，这都给企业财务管理带来了一定的困难和风险。具体表现为预算管理活动难以开展，部分企业尚未建立完善的预算管理体系，整体的预算还采用简单化的"拍脑袋"方式。

3.缺乏对人的关注

我国深受儒家思想影响，讲究谦让和中庸之道，重集体主义，所以我国的财务管理体制倾向于保护集体利益，形成了以国家利益为导向的财务目标模式。但是随着西方价值观念的渗透，个人价值开始受到重视，股东财富最大化

思想开始深入人心，成为财务管理的目标，但是对于债权人、经理、一般员工等相关利益主体的关注却不够。

4.财务网络体系建设不健全

计算机和网络技术在人们的生活中发挥着越来越重要的作用，它的发展使很多领域发生了变化，并不断向各个领域渗透，财务系统也在计算机和网络的影响下发生了巨大变化。但是，需要注意的是，计算机网络系统与财务管理的结合还不够完善，存在一些漏洞，在一定程度上影响了企业财务网络体系建设。

（二）构建新型财务管理体制

针对以上财务管理体制存在的问题，可以从以下几个方面进行解决，以此构建新型财务管理体制。

1.组建科学的财务组织，完善财务决策体制

按照"统一领导、分级管理"的原则设置财务部门，实现财务和会计部门的分离，并明确各自的责任和职权范围。建立科学的财务决策体制，首先应建立一整套完备的信息收集、整理、储存系统，提高信息的准确性和及时性，减少信息的传递损耗，降低决策成本，在此基础上由职能部门提出多种方案，便于决策者在各方案中做出选择；其次规范决策流程，每一项决策都必须严格按照事前调研分析、专家评估、事中时时监督控制、事后报告的流程进行。充分发挥民主作风，集思广益，科学评审方案，提高决策效率。

2.健全财务管理体系，加强风险控制

构建科学、合理的财务风险防范机制首先要对财务风险进行事前控制。结合我国企业经营管理的现状，可通过健全财务制度、加强内部控制来规避企业经营风险。

其次，对财务风险进行事中控制，在生产经营活动中，运用定量和定性分析的方法，对财务风险进行观察、计算和分析，对财务风险状况进行监督，如若发现偏差，就及时采取补救措施，调整财务活动，控制偏差，阻止或抑制不利事态的发展，将风险降低到可控范围内，以减少损失，保证企业生产经营活

动的正常进行。

最后，还要对财务风险进行事后管理。对已经发生的风险要建立风险档案，定期进行总结，并从中吸取经验教训，避免同类风险再次发生；对已发生的损失，应及时消化处理，以免长期挂账，影响企业未来发展，并以财务风险分析资料为依据，制订风险管理计划。

3.关注个人利益

仅仅强调集体利益而忽略个人利益很容易打击员工的工作积极性，最终会影响企业效益。所以，企业在经营过程中，不应单纯追求效率的提高，不能只重视企业整体的利益，还应考虑员工的个人利益。

企业经营者和其他职工以管理、技术等要素参与企业收益分配的，应当按照国家有关规定在企业章程或者有关合同中对分配办法做出规定。这些规定应能推动企业收益分配制度改革、激发职工的工作积极性和创造性，提高企业的竞争力。

4.加快企业财务管理网络化、信息化建设

财务管理网络化、信息化的实现，必然要求革新财务管理手段。加强财务管理信息化建设，对原有的财务流程进行重组，对原有的管理模式进行改革，对现行的管理方式和财务制度进行规范，建立集中统一的财务管理体制，对企业内部财务人员进行集中管理。

第三节　财务管理的环境要素

企业财务活动是在一定的环境下进行的，并与其发生各方面的联系。企业的发展离不开环境，必然受到环境的影响。作为企业管理的一个重要组成部分，财务管理活动不可避免地受到所处环境的影响。因此，在财务管理活动中，企

业需要不断地对财务管理环境进行审视和评估，并根据所处的具体财务管理环境的特点，采取与之相适应的财务管理手段和管理方法，以实现财务管理的目标。

财务管理环境是指财务管理以外的，对企业财务活动和财务管理的运行产生影响的各种外部、内部条件和因素的总和。

一、财务管理的外部环境

（一）经济环境

经济环境是指企业在进行财务活动时所面临的宏观经济状况，如经济管理体制、经济结构、经济发展状况、宏观经济调控政策等。随着经济的不断增长，企业需要大规模地筹集资金，这就需要财务人员根据经济的发展状况，筹措并分配足够的资金，用以调整生产经营。因此，经济环境对企业的生存和发展有着重大的影响。

1.经济管理体制

经济管理体制是指在一定的社会制度下，生产关系的具体形式以及组织、管理和调节国民经济的体系、制度、方式和方法的总称。经济管理体制分为宏观经济管理体制和微观经济管理体制两类。宏观经济管理体制是指整个国家宏观经济的基本经济制度，微观经济管理体制是指一国的企业体制及企业与政府、企业与所有者的关系。

宏观经济体制对企业财务行为的影响主要体现在企业必须服从和服务于宏观经济管理体制，在财务管理的目标、财务主体、财务管理的手段与方法等方面与宏观经济管理体制的要求相一致。微观经济管理体制对企业财务行为的影响与宏观经济体制相联系，主要体现在如何处理企业与政府、企业与所有者之间的财务关系。

在计划经济体制下，国家统筹企业资本，统一投资、统负盈亏，企业利润统一上缴，亏损全部由国家补贴。企业虽然是一个独立的核算单位，但无独立的理财权，财务管理的活动内容比较单一，财务管理方法比较简单。在市场经济体制下，企业成为"自主经营、自负盈亏"的经济实体，有独立的经营权，同时也有独立的理财权。企业可以从自身需要出发，合理确定资本需要量，然后到市场上筹集资本，再把筹集到的资本投放到高收益的项目上，获取更大的收益，最后将收益根据需要和可能进行分配。因此，财务管理活动的内容比较丰富，方法也复杂多样。

2.经济结构

经济结构一般是指从各个角度所反映的社会生产和再生产的构成，包括产业结构、地区结构、分配结构和技术结构等。经济结构对企业财务行为的影响主要体现在产业结构上。一方面，产业结构会在一定程度上影响甚至决定财务管理的性质，不同产业所要求的资金规模或投资规模不同，不同产业所要求的资本结构也不一样；另一方面，产业结构的调整和变动要求财务管理作出相应的调整和变动，否则企业日常财务运作艰难，财务目标难以实现。

3.经济发展状况

财务管理水平与经济发展水平密切相关，经济发展水平越高，财务管理水平也就越高。任何国家的经济发展都不可能长期呈快速增长之势，总是呈现出"波浪式前进、螺旋式上升"的状态。当经济发展处于繁荣时期时，经济发展速度较快，市场需求旺盛，销售额大幅上升。企业为了扩大生产，需要增加投资，与此相适应，则需筹集大量的资金以满足投资扩张的需要。当经济处于衰退时期时，经济发展速度缓慢，甚至出现负增长，企业的产量和销售量下降，投资锐减，资金时而紧缺、时而闲置，财务运作出现较大困难。

另外，通货膨胀也会给企业财务管理带来不利影响，主要表现在：资金占用迅速增加；利率上升，企业筹资成本加大；证券价格下跌，筹资难度增加；利润虚增，资金流失。

4.宏观经济调控政策

政府具有对宏观经济进行调控的职能。在一定时期，政府为了协调经济发展，往往通过计划、财税、金融等手段对国民经济总运行机制及子系统提出一些具体的政策措施。这些宏观经济调控政策对企业财务管理的影响是直接的，企业必须按国家政策办事，否则将寸步难行。例如，当国家实行财务收缩的调控政策时，企业的现金流入减少、现金流出增加、资金紧张、投资压缩；当国家采取扩张的调控政策时，企业财务管理则会出现与之相反的情形。

（二）金融环境

企业资金的筹措大多依赖金融机构和金融市场，金融政策的变化必然会影响企业财务活动。同时，金融市场也构成企业资金投放与运用的一个重要领域，对企业财务活动有着重要且广泛的影响，并对实现企业财务目标起着不可低估的作用。在金融环境因素中，影响财务管理的有金融市场、金融机构、金融工具和利率等。

1.金融市场

金融市场是指资金供应者和需求者进行金融资产交易的场所。依据不同的标准，金融市场可以分为不同的类型。

以下是几种常见的金融市场类型：

（1）股票市场。股票市场是指公司通过发行股票来融资，投资者通过购买股票来获得资本收益的市场。股票市场通常分为主板市场、中小板市场和创业板市场等。

（2）债券市场。债券市场是指政府、企业等机构通过发行债券来融资，投资者通过购买债券来获得固定收益的市场。债券市场通常分为国债市场、地方债市场、企业债市场等。

（3）外汇市场。外汇市场是指货币兑换的市场。外汇市场的交易主要涉及两种货币之间的兑换，包括即期外汇交易、远期外汇交易、期权交易等。

（4）商品市场。商品市场是指商品（包括农产品、能源、金属等）交易的市场。商品市场的价格通常受到供求关系、天气、政策等因素的影响。

（5）衍生品市场：衍生品市场是指以金融衍生品为交易对象的市场，如远期、期货、掉期（互换）、期权的交易市场，以及具有前述衍生品中一种或多种特征的结构化金融工具的交易市场。衍生品市场的交易通常涉及风险管理和投机等。

不同的金融市场类型具有不同的特点和风险，投资者应该根据自己的投资需求和风险偏好选择适合自己的市场进行投资。

金融市场由交易对象、交易主体、交易工具和交易价格四部分组成。其中，金融市场的交易对象是货币资金，如银行的存贷款、证券市场的证券买卖等，实质都是货币资金的转移。交易主体是指参与交易的资金供应者和资金需求者，包括个人、企业、政府和金融机构等。在金融市场上，资金供应者和资金需求者的角色是不断转换的。交易工具是指金融市场上的买卖对象，是资金供应者将资金转移给资金需求者的凭据和证明，如国库券、商业票据、股票、债券等。

2.金融机构

在金融市场上，社会资金从资金供应者手中转移到资金需求者手中，大多要通过金融机构。金融机构在不同国家有很大区别，一般包括银行金融机构和非银行金融机构。

（1）银行业金融机构

我国的银行金融机构主要包括以下几种类型：

①中央银行。中央银行是代表政府干预经济、管理金融的特殊的金融机构，主要职能是制定并执行金融政策、调节货币流通。中国人民银行是我国的中央银行。中央银行是国家金融体系的核心机构。

②商业银行。商业银行是以经营存贷款为主要业务，并以营利为主要目的的银行。其主要职能是吸收公众存款、发放贷款、办理各种结算等。我国的商业银行主要有中国工商银行、中国农业银行、中国银行、中国建设银行、交通银行等。

③政策性银行。我国的政策性银行是由政府投资设立的、根据政府的决策和意向专门从事政策性金融业务的银行机构。我国现有的政策性银行主要有国

家开发银行、中国进出口银行、中国农业发展银行。

（2）非银行金融机构

非银行金融机构是指除银行以外的金融机构，它们是我国金融体系的重要组成部分，包括保险公司、证券公司、信托投资公司、租赁公司、投资基金会、财务公司、信用合作组织等。

非银行金融机构的功能是吸收社会资金，以某种方式运作资金，并在融资和投资活动中获得利润。

3.金融工具

金融工具是指融通资金双方在金融市场上进行资金交易、转让的工具，是以资金为商品进行交易的手段和交易形式。借助金融工具，资金从供给方转移到需求方。金融工具分为基本金融工具和衍生金融工具两大类。常见的基本金融工具主要有货币、票据、债券、股票等。衍生金融工具又称派生金融工具，是在基本金融工具的基础上通过特定技术设计形成的新的融资工具，如各种远期合约、掉期、期权等，种类复杂、繁多，具有高风险、高杠杆效应的特点。

金融工具对于债权、债务双方所应承担的义务与享有的权利均具有法律效力。金融工具一般具有期限性、流动性、风险性和收益性四个基本特征。

（1）期限性是指金融工具一般规定了偿还期，也就是规定了债务人必须全部归还本金的时间。

（2）流动性是指金融工具能够在短期内没有损失地转变为现金的属性。

（3）风险性是指某种金融工具不能恢复其投资价格的可能性，主要包括违约风险和市场风险等。

（4）收益性是指持有的金融工具所能带来的一定收益。

4.利率

利率是利息和本金的比率。利息是本金的增值部分，因此利率是资金的增值额同资金值的比率，是衡量资金增值程度的指标。资金作为一种特殊商品，通过利率实行再分配。因此，利率在资金再分配和财务决策中起着重要作用。利率按不同的标准可进行以下分类：

（1）按利率形成机制的不同，可分为基准利率（由央行确定的各金融机构的存、贷款指导性利率，又称法定利率）、商业银行利率（由商业银行依据基准利率和市场环境所确定的利率）和市场利率（金融市场的利率）。

（2）按照货币资金借贷关系持续期间内利率水平是否变动来划分，可分为固定利率和浮动利率。在借贷中，如果约定的是固定利率，那么在借贷期内借贷利率保持不变；如果约定的是浮动利率，那么在借贷期内利率可依据市场利率变动。

银行贷款利率的波动以及同利率相关的股票、债券价格的波动都会对企业的投资决策和筹资决策产生影响。

在预期市场利率下降时，企业应筹集短期资本，进行长期投资，购买长期债券；在预期市场利率上升时，企业应筹集长期资本，进行短期投资。

（三）法律环境

社会主义市场经济本质上是法治经济，企业的一些经济活动总是在一定法律规范内进行的。法律既约束企业的经济行为，也为企业从事各种合法经济活动提供保护。因此，企业的理财活动，无论是筹资、投资还是利润分配，都应当遵守有关法律规范。

国家管理企业经济活动和经济关系的手段包括行政手段、经济手段和法律手段三种。随着经济体制改革不断深化，市场经济越来越完善，国家行使的行政手段逐步减少，而经济手段尤其是法律手段日益增多。与企业财务管理活动有关的法律规范主要有企业组织法规、税收法规以及财务法规等，这些法规促进了企业财务机制规范运行。

（四）技术环境

财务管理的技术环境，是指财务管理得以实现的技术手段和技术条件，它影响着财务管理的效率和效果。当今社会，不少工作可以通过计算机来完成。

计算机的发展也推动了财务管理的发展，财务管理工作需要运用会计数据。借助计算机手段将会计数据代入数学模型，可以方便、快捷地得出对决策有用的数据结论。

二、财务管理的内部环境

（一）企业的组织形式

在市场经济条件下，企业的类型很多，不同类型的企业所采用的财务管理方式也各不相同。按照企业的组织形式，可以将企业分为独资企业、合伙企业和公司制企业。

1.独资企业

独资企业是指由一个人独自出资创办的企业，其全部资产和债务由出资者自己所有和偿还。在独资企业组织形式下，所有权和经营权合二为一，出资者负有无限的偿债责任，个人资产和企业资产没有差别。独资企业的理财比较简单，主要利用的是业主自己的资金和供应商提供的商业信用。企业筹资比较困难，对债权人缺少吸引力。

2.合伙企业

合伙企业是指由两人或两人以上合资经营的企业。按照相关规定，合伙企业是由各合伙人订立合伙协议，共同出资、合伙经营、共享收益、共担风险，并对合伙企业债务承担无限连带责任的营利性组织。在合伙企业组织形式下，企业的资金来源较为广泛，收益分配也更加复杂，因此合伙企业的财务管理比独资企业复杂得多。

3.公司制企业

公司制企业是一个以营利为目的、依法登记的独立的法人。在公司制企业里，所有权和经营权是高度分离的，因而公司的财务管理权也相应分离。公司的有限责任、产权易于转让和永续经营的优点提高了公司的筹资能力。公司的资金来源和方式多样，投资去向也很多，需要进行认真分析和选择；收益的分配需要考虑企业内部和外部的许多因素。

（二）企业管理体制

在企业微观管理环境中，管理体制因素起着决定作用，它直接决定着企业的理财权限和理财领域。我国企业改革从"放权让利"到"制度创新"，实质上都是围绕管理体制改革来进行的。在计划体制上，摒弃了高度集权的计划体制模式，把经营决策权下放给企业等生产经营主体，由它们根据市场的需求做出决定，并承担相应的盈亏责任。在投资体制上，实现了投资主体由政府向企业的转变，做到了谁投资、谁决策、谁承担风险。这使企业真正做到了"自主经营、自负盈亏、自我发展、自我约束"，从根本上确立了企业作为市场主体的地位。同时在现代企业制度下，企业理财自主权进一步扩大，企业可以自行筹资，自主投资，并可以制定自己的财务管理制度，这为企业自主理财提供了客观可能，为企业财务管理工作的发展提供了广阔的前景。

（三）内部管理水平

企业内部管理水平是指企业内部各项管理制度的制定及执行情况。从企业理财的角度来看，如果内部有着完备健全的管理制度并能得到严格执行，就意味着企业理财有着良好的基础，有章可循，企业理财起点较高，容易走上规范化的轨道，并带来理想的理财效果。相反，若企业内部管理制度不健全，或者即使有制度但没有严格执行，就会在一定程度上给企业财务管理工作带来困难。

（四）职工

职工是企业生产经营活动的主体，他们是企业治理契约或公司治理结构的重要组成部分。对于所有者、经营者来说，他们相互之间及各自与职工之间，在财权和利益分配等方面进行博弈，始终是财务管理的重要内容。除此之外，企业职工的素质和精神风貌也直接影响着企业财务管理目标的实现程度，因此在财务决策时，必须认真考虑企业职工这一因素。

三、当下财务管理的环境变迁

（一）经济全球化深入发展

几十年来，在技术进步与各国开放政策的推动下，经济全球化进程逐步加快，成为世界经济发展的主流。在经济全球化浪潮中，对财务管理有直接影响的是金融全球化，它使企业筹资、投资有了更多的选择机会。选择权是有价值的，所以说，金融全球化客观上提升了企业的价值。但金融全球化是一把双刃剑，也具有极大的风险。在金融工具和衍生金融工具不断创新的今天，如何寻求机遇，规避风险，是财务管理当前和今后一段时间所面临的最重要的课题。

（二）知识经济的兴起

对于财务管理来说，知识经济改变了企业资源配置结构，使传统的以厂房、机器、资本为主要内容的资源配置结构转变为以知识为基础的资源配置结构。在此背景下，对知识资本如何确认、计量和管理又成为一个重要研究课题。

（三）电子商务蓬勃发展

随着电子商务的发展，传统的财务管理与网络的联系日益紧密。网络财务最显著的特点是实时报告，企业可以在线管理。网络财务的前景是光明的，但它产生的安全问题同样让人担心。

（四）企业重构

企业重构是对企业组织运营体系进行系统性整改的活动，包括对业务流程、作业制度、部门设置、岗位设置、人员配置、支撑运营的管理制度（如绩效考核制度、财务制度、行政制度等）的整改，目的是通过优化现有的业务流程、组织结构和制度，提高企业各环节的能力和运作标准，从而扭转与客户需求或行业标准的差距，实现二次创业的目标。一些创新型企业尤其是专精特新企业，正在推动制造业细分领域的专业化分工，从而带来效率、质量的大幅跃升。这些专精特新企业既是重构力量的重要贡献者，也不断从重构产生的变化中汲取动能。除此之外，中国的产业配套能力已经实现了全球领先，中国制造业的规模优势已经转化为体系优势，局部和细分领域已经出现了明显的系统性重构特征。这种重构并非市场单方面的变化，而是技术原理、制造方式、产业组织的同步革新甚至变革。大量的创新型企业尤其是专精特新企业是这种系统构建的微观基础，它们推动了制造业细分领域的不断发展，从而带来效率、质量的大幅跃升。

第四节　财务管理的原则

财务管理的原则是指在财务管理过程中应遵循的基本原则，这些原则对于有效地管理企业的财务活动具有重要意义。以下将介绍四个财务管理的原则。

一、经济利益原则

经济利益原则是企业财务管理的核心原则之一，追求经济利益最大化是企业生存、发展的基础，同时也是企业价值创造的源泉。

然而，在追求经济利益的过程中，企业也应该关注其社会责任，实现经济利益与社会责任的有机结合。企业的经济利益与社会责任不是相互独立的，而是密切相关的。企业在追求经济利益的过程中，应该考虑其对社会和自然环境的影响，并尽可能地减少负面影响。例如，企业应该采取环保措施，减少污染和资源的浪费，保护生态环境，同时也应提高企业的社会形象和声誉，增强市场竞争力。企业还应该发挥积极作用，如提供就业机会、支持社区发展、遵守法律法规等。这些社会责任不仅能够为企业带来社会效益，还能够帮助企业塑造良好的社会形象，提高企业的品牌价值和市场竞争力。企业应该在追求经济利益的同时，注重企业的社会责任，实现经济利益与社会责任的有机结合。企业应该采取一系列措施，如制定社会责任战略、建立社会责任管理体系、加强员工培训等，来确保企业经济利益与社会责任的统一。

总之，经济利益原则是企业财务管理的重要原则之一，但企业在追求经济利益的过程中，也应该关注自身的社会责任，实现经济利益与社会责任的有机结合，以实现可持续发展。

二、风险与报酬平衡原则

企业在进行财务管理时，应在风险与报酬之间寻求平衡。为了更好地实现风险与报酬的平衡，企业应该在进行投资决策之前，仔细分析市场环境和投资项目的风险与收益，制定明确的投资策略和风险管理计划，避免投资决策的盲目性和随意性。企业应该建立完善的风险管理体系，包括风险识别、风险评估、风险控制和风险监测等环节，及时发现和控制风险，避免风险的扩大和蔓延。企业应该加强对风险管理人员的培训，提高其风险识别、评估和控制能力，增强企业的风险管理能力。企业可以实施多元化投资策略，降低单一投资项目的风险，同时增加投资组合的收益率。企业可以通过投资不同行业、不同地区和不同类型的资产来实现多元化投资。企业应该根据自身的财务状况和投资需求，合理调整资本结构，降低融资成本和债务风险，同时保证企业的资金需求得到充分满足。

三、资金筹集的适度原则

资金筹集的适度原则是企业在进行资金筹集时必须遵循的原则。为了更好地理解和应用这一原则，企业在进行资金筹集时需要先考虑自身的实际需求。只有充分了解自身的实际需求，才能选择合适的筹资渠道和方式。企业在进行资金筹集时需要考虑当前的市场条件，包括利率水平、融资渠道的稳定性以及投资者的风险偏好等。这些因素都会影响企业的筹资成本和筹资效率，因此需要认真分析市场条件，选择最优的筹资方案。企业在进行资金筹集时需要选择合适的筹资渠道，包括银行贷款、发行债券、发行股票等。不同的筹资渠道具有不同的优缺点，需要企业根据实际情况和市场条件进行选择。企业在进行资金筹集时需要选择合适的筹资方式，包括直接融资和间接融资。直接融资可以通过发行股票或债券等方式进行，而间接融资则需通过银行贷款等方式。不同的筹资方式会对企业的财务状况和未来发展产生不同的影响，因此需要根据企业的实际情况和市场条件进行选择。企业在进行资金筹集时还需要控制筹资规模，避免过度融资或资金不足的情况。过度融资会增加企业的财务风险，而资金不足则会影响企业的正常运营和发展。

总之，资金筹集的适度原则是企业进行资金筹集时必须遵循的原则，需要综合考虑企业的实际需求、市场条件、筹资渠道、筹资方式以及筹资规模等因素，以降低企业的筹资成本，提高企业的筹资效率，保障企业资金的安全和企业的稳健发展。

四、财务管理的弹性原则

在实际操作中，财务管理的弹性原则可以帮助企业更好地应对市场波动和不确定性。例如，当市场需求突然发生变化时，企业可以根据自身情况，快速调整生产和销售策略，以适应市场需求的变化。当原材料价格波动较大时，企业可以遵循财务管理的弹性原则，灵活调整采购计划，以降低成本风险。财务管理的弹性原则还可以帮助企业更好地应对风险。企业应该制定多种财务策略和规划预案，以应对可能出现的风险。例如，企业可以制订风险管理计划，包括风险评估、风险控制和风险应对措施等，以应对潜在的风险。企业还可以通过建立风险管理团队，加强风险监测和预警等，来提高应对风险的能力。财务管理的弹性原则还可以帮助企业更好地实现战略目标。企业应该根据市场环境和自身情况，制定符合实际情况的财务策略和规划，以实现其战略目标。企业还可以通过加强财务管理，提高资金利用效率，降低成本，提高盈利能力，从而更好地实现其战略目标。

财务管理原则为企业的财务管理提供了基本的指导思想。企业在进行财务管理时，应充分理解和运用这些原则，以提高财务管理的实效性。

第二章　行政事业单位财务管理
与企业财务管理之间的关系

第一节　行政事业单位财务管理概述

行政事业单位财务管理是指在一定的制度环境下，通过运用科学的管理理论和方法，对行政事业单位的财务活动进行全面有效的计划、组织、领导和控制，以实现行政事业单位财务目标的过程。简而言之，行政事业单位财务管理是对行政事业单位的财务活动进行系统化、科学化的管理，以提高资金使用效率，实现财务目标。

行政事业单位要全面加强财务管理，提高财务管理水平，为我国经济社会发展做出积极贡献。

一、行政事业单位财务管理的目标和任务

（一）行政事业单位财务管理的目标

行政事业单位财务管理的目标主要是通过合理配置财务资源，提高资金使用效率，保障资金安全，促进事业发展。具体目标包括以下几个方面：

（1）保证行政事业单位资金的安全性。资金安全是行政事业单位财务管理的基石，只有保证资金安全，才能为事业发展提供有力支持。

（2）优化财务资源配置。通过科学的财务管理手段，合理配置资金、资产、负债等财务资源，使之达到最佳利用状态，为事业发展提供有力保障。

（3）提高资金使用效率。通过财务监督、审计等手段，降低财务成本，提高资金使用效率，实现单位事业发展目标。

（4）促进事业发展。通过合理安排财务收支，保障行政事业单位正常运转，促进各项事业的发展。

（二）行政事业单位财务管理的任务

行政事业单位财务管理的主要任务包括以下几个方面：

（1）制定并执行财务管理制度。根据国家有关法律法规和政策，制定适合本单位的财务管理制度，确保财务工作的规范化和制度化。

（2）编制并执行财务预算。根据事业发展需要，编制合理的财务预算，并通过预算执行过程中的监控、调整，确保财务预算的实现。

（3）筹集、使用和管理资金。通过合法渠道筹集资金，合理安排资金使用，加强资金管理，保障资金安全。

（4）管理固定资产。合理配置固定资产，加强固定资产管理，确保固定资产安全、完整。

（5）开展财务分析与监督。通过对财务数据的分析，对财务状况进行评估和预测，为单位领导决策提供依据；通过财务监督，发现问题、纠正偏差，保障财务工作的顺利进行。

（6）参与单位内部控制建设。协助单位领导建立内部控制制度，加强内部控制，提高单位风险防范能力。

二、行政事业单位财务管理的原则和方法

（一）行政事业单位财务管理的原则

行政事业单位财务管理的原则主要包括以下几点：

（1）依法理财原则：行政事业单位财务管理应严格按照国家有关法律、法规和财务规章制度进行，确保财务活动的合法性、合规性。

（2）经济效益原则：在保证行政事业单位正常运转的前提下，追求资金使用效益的最大化，实现资源配置的最优化。

（3）量入为出原则：行政事业单位财务预算应根据实际情况进行合理编制，以平衡收支，避免赤字。

（4）勤俭节约原则：行政事业单位应倡导勤俭节约的价值观，减少不必要的开支，合理安排资金使用。

（5）重点保障原则：在资金有限的情况下，行政事业单位应优先保障重要项目、重点工作的资金需求。

（二）行政事业单位财务管理的方法

行政事业单位财务管理的方法主要包括以下几点：

（1）预算管理：通过编制、执行财务预算，监控、评价财务预算执行情况，实现财务目标的过程。预算管理有助于提高资金使用效率，降低成本，保障资金安全。

（2）收入管理：行政事业单位应加强对收入的管理，确保收入及时、足额入账，防止收入流失。同时，对收费项目进行合理定价，提高收入水平。

（3）支出管理：行政事业单位应加强支出管理，合理控制成本，提高资金使用效益。对于支出项目，应实行分类管理，明确审批权限，遵循政府采购和招投标等制度。

（4）资产管理：行政事业单位应建立健全国有资产管理制度，确保资产安全、完整、合规。同时，应加强资产管理，实现资产的保值增值。

（5）负债管理：行政事业单位应合理控制负债规模，避免过度举债。对于负债项目，应进行风险评估，确保负债安全。

（6）净资产管理：行政事业单位应加强净资产管理，实现资产与负债的平衡，保障财务稳定。

（7）财务清算：行政事业单位应定期进行财务清算，对财务状况进行盘点，确保财务信息的真实、准确、完整。

（8）财务报告：行政事业单位应编制真实、准确的财务报告，为决策提供有力支持。同时，重视对财务报告的审核、披露和评价工作。

（9）财务分析：行政事业单位应加强财务分析，揭示财务风险，提出改善财务状况的建议。通过对财务数据的分析，为决策提供有力支持。

（10）财务监督：行政事业单位应加强财务监督，确保财务活动合规、合法。同时，对财务人员进行培训和考核，提高财务管理水平。

三、行政事业单位财务管理的基本内容

（一）行政事业单位的预算管理

预算管理是行政事业单位财务管理的重要组成部分，主要包括预算的编制与审批、预算的执行与调整、预算的决算与绩效评价等环节。

1.预算的编制与审批

预算的编制是预算管理的第一步，也是关键环节。行政事业单位在进行预算编制时，需要充分考虑单位的实际情况和需求，结合历年预算执行情况和预算编制规定，科学、合理地编制预算。

预算编制应遵循以下原则：

（1）合法性原则：预算编制应符合国家法律法规和政策要求，确保预算内容的合法性。

（2）完整性原则：预算编制应全面反映单位各项收支情况，确保预算内容的完整性。

（3）科学性原则：预算编制应结合单位实际，遵循财政预算管理的基本规律，确保预算的科学性。

（4）合理性原则：预算编制应在确保单位正常运转的前提下，合理安排预算支出，确保预算的合理性。

预算编制完成后，需经过审批程序。行政事业单位的预算审批一般分为两级，即单位内部审批和上级主管部门审批。单位内部审批主要是审查预算编制的合规性、完整性和合理性，上级主管部门审批主要是审查预算编制的合法性和可行性。

2.预算的执行与调整

预算执行是预算管理的核心环节，也是实现预算目标的关键。行政事业单位在预算执行过程中，应严格按照批准的预算执行，确保预算的严肃性和权威性。在预算执行过程中，应重点关注以下几个方面：

（1）预算支出的合理性和合规性：行政事业单位在支出预算时，应确保资金使用的合理性和合规性，严禁超预算、无预算和预算外支出。

（2）预算执行的进度管理：行政事业单位应加强对预算执行进度的监控，确保预算资金的及时拨付和使用。

（3）预算执行的分析和报告：行政事业单位应定期对预算执行情况进行分析和报告，为预算调整提供依据。

预算调整是预算管理的重要补充。在预算执行过程中，由于各种原因，预算执行与预算编制之间可能存在偏差。针对这种情况，行政事业单位应根据实际需要，按照规定程序进行预算调整，保证预算目标的实现。

3.预算的决算与绩效评价

预算决算是对预算管理过程的总结和评价。行政事业单位在预算决算过程中，应重点关注以下几个方面：

（1）预算决算的真实性和完整性：行政事业单位在进行预算决算时，应确保决算数据的真实性和完整性，全面反映预算执行情况。

（2）预算决算的分析和评价：行政事业单位应对预算决算进行分析，总结预算管理经验教训，提高预算管理水平。

（3）预算决算的反馈和应用：行政事业单位应充分利用预算决算结果，对下一预算周期进行预测和规划。

绩效评价是对预算执行效果的考核。行政事业单位在预算绩效评价过程中，应根据单位特点和预算内容，合理选择评价方法和指标，确保评价结果的客观性和公正性。通过绩效评价，行政事业单位可以发现预算执行中的问题和不足，为下一预算周期的预算编制和执行提供参考。

（二）行政事业单位的收支管理

行政事业单位的收支管理是财务管理的核心环节，涉及收入的类型与核算、支出的类型与核算等方面。

1.收入的类型与核算

行政事业单位的收入主要来源于财政拨款、事业收入、经营收入和其他收入等。财政拨款是行政事业单位最主要的收入来源，包括预算内拨款和预算外拨款。事业收入主要指行政事业单位开展业务活动所取得的收入，如教育收费、科研收入等。经营收入指行政事业单位在业务活动之外，通过经营性活动所取得的收入，如租赁收入、投资收益等。其他收入包括行政事业单位通过接受捐赠等获得的收入。对于收入的核算，行政事业单位应按照相关规定，对各种收入进行分类核算，确保收入的真实、准确、完整。

2.支出的类型与核算

行政事业单位的支出主要包括事业支出、经营支出、其他支出等。事业支出是指行政事业单位为开展业务活动所发生的支出，如教育支出、科研支出等。经营支出是指行政事业单位在业务活动之外，通过经营性活动所发生的支出，如维修支出、物料消耗等。其他支出包括行政事业单位的利息支出、捐赠支出等。对于支出的核算，行政事业单位应按照相关规定，对各种支出进行分类核算，确保支出的真实、准确、完整。

四、我国对于行政事业单位财务管理的相关政策

（一）预算绩效管理制度

预算绩效管理是指国家政府或者部门根据财务效能的规定，用目标管理指标和绩效指标对部门单位内部或者单位的预算项目支出做出客观、公平、公正的评估和决定。

要想深入了解预算绩效管理政策，就要明确以下几点：

首先，财政部门、部门单位以及中介机构都是预算绩效管理的主体。政府公共资金的委托人是财政部门。财政部门对政府公共资金的使用负有监督的责任，并对资金使用的效果和效率负责，是各部门单位开展预算绩效评价的牵头指导单位。预算绩效评价的具体实施主体是部门单位。部门单位主要承担着组织、指导、监督本部门和所属基层单位预算绩效管理工作开展的责任。第三方评价的主体是中介机构，其受财政部门的委托对部门单位进行绩效评价。

其次，政府公共资金是预算绩效评价的主要对象。政府性资金基本都来自纳税人的上缴税款，"要花好纳税人的钱，把纳税人的每分钱都用在刀刃上"，"好钢要用在刀刃上"是每一个纳税人对政府性资金使用的要求。现在的预算绩效管理针对的已经不仅仅是政府性资金，还延伸到了行政事业单位的事业收入开支的项目。

最后，预算绩效管理必须创建和完善绩效管理模式，做到完善有效预算执行制度、认真评价预算项目、评价结果能运用，为此就必须要求各行政事业单位完成好本单位预算项目的绩效目标管理、绩效评价实施、绩效运行跟踪和评价结果运用等具体工作，务必提高预算资金使用的效益和效率。

绩效管理是预算绩效管理的基础，预算绩效管理工作由绩效目标管理、绩

效跟踪、绩效评价和结果运用四个部分组成。预算绩效评价的源头是绩效目标，而预算绩效管理的工作重点也是绩效目标。后续开展绩效评价和绩效跟踪的依据是绩效管理。绩效目标是指用客观的数据、能够测算出的指标对项目进行评价，或者对单位的整体支出水平进行绩效评价。预算绩效管理目标主要通过绩效标准、绩效指标以及绩效内容来表现。绩效目标、绩效评价和绩效结果监督形成了一个良好的循环体系。预算绩效目标设置应尽可能细化、量化，并尽可能有操作性强的绩效评价指标体系。政府用这套操作性强的指标体系对政府资金的使用效率以及行政事业单位预算执行效果进行评价。

（二）财政预算公开制度

预算是对单位收入和支出的预计和测算。财政的预算是指国家政府的收入和支出规划，是国家政府分派资金与调整宏观经济的工具，反映了政府政策导向和财政调控范围。预算公开是政府信息公开的重要内容和公共财政的本质要求，目的是保证大众的知情权。

预算公开是政务公开的重要组成部分。财政预算信息公开工作，有利于保障人民群众对国家财政预算工作的知情权、参与权和监督权，有利于促进我国政府节约型财政建设，有利于促进基层政府预算管理法治化、民主化、科学化，有利于推进政府反腐倡廉建设工作。政府财政预算公开工作是国家民主政治的核心要素之一。政府预算公开工作是我国建设法治社会的需要。通过政府预算公开，人民可以依照法律规定，采取多种方式，参与管理国家事务，参与管理经济和文化事业，参与管理社会事务。我国政府公开预算信息、增强预算约束力，是各级政府部门的法定义务，是建设法治政府的必然要求。我国政府预算公开工作能够有效防治腐败，它在反腐倡廉建设中发挥了重要作用。我国政府预算公开是公共财政的本质要求，也是反腐倡廉建设的重要内容。

预算公开内容由部门预算表及说明组成，我国各级政府要主动向社会公开各级人大批准的部门单位基本信息表、部门收支预算总表、公共财政支出预算总表和政府性基金收支预算表，并细化至"款"级科目。其中涉及教育、医疗卫生、社会保障和就业、农林水事务、住房保障、科学技术、文化体育与传媒、环境保护、食品药品安全和安全生产等事关民生的重点支出，要细化到"项"级科目。

我国财政预算公开的工作要求是统一思想、加强组织；统筹兼顾、协同推进；强化督导、注重反馈；完善制度、形成机制。在实际工作中要充分认识到做好预算信息公开工作的重要意义，把预算信息公开作为政务信息公开工作的重要内容，加强组织领导，制订工作方案，落实责任分工，明确工作目标，抓好工作落实，加大财政宣传力度，积极汇报工作。各地要结合本地实际情况，以及公开工作进展情况，借鉴学习各地的好经验、好做法，采取有效措施，深入推进预算信息公开工作。要认真总结工作经验，结合当地实际情况，加强制度建设，进一步建立健全预算信息披露制度，特别是做好与人民群众利益密切相关部门的预算信息公开工作，充分利用政府门户网站、政府公告、新闻媒体等途径，拓宽公开渠道。

（三）政府采购制度

2003 年 1 月 1 日，《中华人民共和国政府采购法》开始实施，这部法是专门针对政府采购的法规。我国的政府采购应遵循公平竞争原则、公正原则、公开透明原则、诚实信用原则等。政府采购应当严格按照预算批复来执行。政府采购应当有利于环境保护，扶持不发达地区和少数民族地区，促进中小企业发展等。

我国的政府采购法规定，"采购"是指以合同方式有偿取得货物、工程和服务的行为，包括购买、租赁、委托、雇用等。政府采购法所称的货物，是指各类形态和种类的物品，包括原材料、燃料、设备、产品等。政府采购法中所称的工程，是指建造工程，包括构筑物和建筑物的新建、改建、扩建、装修、拆除、修缮等。政府采购法所称的服务，是指除货物和工程以外的其他政府采购对象。

政府采购工程项目需要进行招投标的，适用《中华人民共和国招标投标法》。政府采购实行分散采购和集中采购相结合的方式。政府采购中的集中采购范围由省级以上人民政府发布的集中采购目录来确定。在政府采购中，属于中央预算的政府采购项目，集中采购目录由国务院确定并发布；属于地方预算的政府采购项目，集中采购目录由省、自治区、直辖市人民政府或者授权机构确定并发布。而实行集中采购方式的是集中采购目录中规定的政府采购项目。

政府采购的采购方式包括公开招投标、竞争性谈判、邀请招标、单一来源采购、询价采购、国务院政府采购监督管理部门认定的其他采购方式等。公开招投标应作为政府采购的主要采购方式，因为这种方式最能体现政府采购的公开、公平、公正原则。

（四）"三公"经费公开制度

我国财政所指的"三公"经费是指公务用车购置及运行、因公出国（境）、公务接待所产生的费用，是保障行政事业单位正常运行基本经费的一部分。在中央政府的推动下，我国各级行政事业单位陆续公开了"三公"经费，并加强对"三公"经费的财务管理。"三公"经费的公开能够在一定程度上减少腐败的发生，有利于群众对政府的监督。各级政府为了更好地贯彻落实关于厉行节约的各项规定，必须规范"三公"经费公开制度；为了更好地管理"三公"经费，有必要实现"三公"经费管理的长期化、规范化和制度化。

首先，公务用车购置及运行费指单位公务用车购置费及租用费、燃料费、维修费、过路过桥费、保险费、安全奖励费用等支出。公务用车购置及运行费公开细化为公务用车购置费和公务用车运行费，公务用车指用于履行公务的机动车辆。必须严格按照车辆编制、标准以及预算批复进行车辆更新和购置，更新和购置车辆必须严格按照政府采购规定进行采购。车辆修理在确保车况和行车安全的情况下，尽量降低修理费用。对车辆修理实行责任到人、专人管理，杜绝浪费。公务车辆保险费须在财政指定保险公司购买，严格按照程序办理，不得超过预算批复金额。对车辆实行一车一卡、定点加油、定额加油。制定相关的车辆日常管理制度，对车辆实行统一管理。不得公车私用，不得利用职务之便向企业、下属单位和他人借用车辆。工作日、双休日、节假日期间无明确保障任务时，必须按规定定点停车。

其次，因公出国（境）费是指单位工作人员因公务出国（境）产生的住宿费、旅费、伙食补助费、杂费、培训费等支出。对于确实需要出国（境）的，必须严格履行出国（境）审批备案制，必须严格按照上级有关文件执行。严格控制出国（境）预算，经审批同意出国（境）发生的费用，在单位的公用经费、日常业务经费以及符合支出规定的专项结余或结余经费中列支，对未按要求审批备案的因公出国（境）费用一律不予报销。在按规定审批备案的因公出国（境）活动中擅自安排旅游项目的，旅游费用由个人承担。一律不准借考察学习名义用公款组织旅游。

最后，公务接待费是指单位按规定开支的各类公务接待（含外宾接待）费用，包括接待中发生的交通费、餐费等。公务接待必须坚持节约简朴的原则，严禁奢侈浪费，建立健全公务接待审批制度，明确公务接待范围、公务接待审批手续和公务接待标准。严禁使用高档烟酒和用公款购买礼品，提倡对口接待，食堂就餐，控制陪客人数。严禁上下级之间、同级之间用公款互相请吃请喝。公务接待消费实行公务卡支付结算，公务接待费用不得超过年度预算控制数。

五、行政事业单位的内部控制

（一）行政事业单位内部控制的概念和目标

1.行政事业单位内部控制的概念

行政事业单位内部控制，是指在行政事业单位内部，通过建立一系列的制度，运用相关方法和手段，对单位的财务收支、经济活动等进行监督、管理和控制，使其合法、合规、合理、效益最大化的一种管理活动。简单来说，行政事业单位内部控制就是为了保证单位正常运行、防范风险、提高效益而进行的一系列控制活动。

2.行政事业单位内部控制的目标

行政事业单位内部控制的目标主要包括：

（1）保证单位财务信息的真实、完整和准确。通过内部控制，确保单位的财务收支、资产负债等信息真实、完整和准确，为决策者提供可靠的决策依据。

（2）提高单位的经济效益。内部控制可以帮助单位规范经济活动，降低成本，提高资源利用效率，从而提高单位的经济效益。

（3）保证单位的合规性。通过内部控制，确保单位的行为符合国家法律法规、行业规范和单位内部规定，避免违规行为的发生。

（4）保护单位的资产安全。内部控制可以对单位的资产进行有效管理，防止资产的流失、损坏和被盗，保护单位的资产安全。

（5）实现单位的内部监督。内部控制可以帮助单位实现内部监督，及时发现和纠正单位运行中的问题和偏差，保证单位的正常运行。

总结来说，行政事业单位内部控制的目标是保证单位的正常运行，提高效益，防范风险，同时也要符合国家法律法规和单位内部规定。

（二）行政事业单位内部控制的原则和要素

1.行政事业单位内部控制的原则

行政事业单位内部控制的原则是指在进行内部控制时需要遵循的基本原则，包括以下几个方面：

（1）全面性原则：行政事业单位内部控制应该覆盖所有部门、岗位和业务环节，确保全面覆盖、不留死角。

（2）重要性原则：针对行政事业单位的重要岗位和关键业务，应该加强内部控制，确保安全、有效、合规。

（3）制衡性原则：行政事业单位内部控制应该建立有效的权力制衡和相互制约机制，避免权力过于集中、滥用职权等问题的发生。

（4）及时性原则：行政事业单位内部控制应该及时进行，发现问题及时处理，避免问题扩大化。

（5）透明性原则：行政事业单位内部控制应该公开透明，接受内部和外部监督，增强公众信任。

2.行政事业单位内部控制的要素

行政事业单位内部控制要素包括：

（1）内部环境：指行政事业单位内部组织结构、内部沟通、人力资源等方面。

（2）风险评估：指对行政事业单位内部存在的风险进行识别、评估和分类，以确定内部控制的重点和措施。

（3）控制活动：指采取相应的措施，达到内部控制目标。

（4）信息和沟通：指行政事业单位内部信息的收集、处理、传递和反馈，以及内部沟通渠道的建立和维护。

（5）监督和评价：指对行政事业单位内部控制的监督、检查和评价，以及内部控制的不断完善和改进。

（三）行政事业单位内部控制的实施与评价

1.行政事业单位内部控制的实施

（1）制定内部控制制度

制定内部控制制度是内部控制实施的第一步。行政事业单位应根据国家法律法规和上级主管部门的规定，结合自身实际情况，编制内部控制手册，制定各项内部控制制度，明确内部控制的职责、权限、程序和制度。

（2）实施内部控制培训

实施内部控制培训是提高内部控制意识的重要手段。行政事业单位应定期组织内部控制培训，使全体员工了解内部控制的重要性、目标和内容，掌握内部控制的基本知识和技能，提高内部控制的意识和能力。

（3）建立内部控制体系

建立内部控制体系是内部控制的核心。行政事业单位应建立内部控制组织体系、内部控制制度体系、内部控制流程体系和内部控制监督体系，形成全面、系统、有效的内部控制体系。

（4）实施内部控制自我评估

实施内部控制自我评估是检验内部控制有效性的重要手段。行政事业单位应定期进行内部控制自我评估，及时发现内部控制的缺陷和不足，采取措施加以改进和优化。

2.行政事业单位内部控制的评价

行政事业单位内部控制的评价是指对内部控制的有效性、合规性和经济性进行评估和判断，以确定内部控制的有效性和合理性，为决策提供依据。

（1）评价内部控制的有效性

评价内部控制的有效性主要是对内部控制的设计和实施情况进行评估。行政事业单位应根据内部控制手册和各项内部控制制度，对内部控制的设计和实施情况进行全面、客观的评价，确定内部控制的有效性。

（2）评价内部控制的合规性

评价内部控制的合规性主要是对内部控制是否符合国家法律法规和上级主管部门的规定进行评估。行政事业单位应根据国家法律法规和上级主管部门的规定，对内部控制进行合规性评估，确定内部控制的合规性。

（3）评价内部控制的经济性

评价内部控制的经济性主要是对内部控制的经济效益进行评估。行政事业单位应根据内部控制手册和各项内部控制制度，对内部控制的经济效益进行客观的评价，确定内部控制的经济性。

（4）评价内部控制的合理性

评价内部控制的合理性主要是对内部控制的适用性和合理性进行评估。行政事业单位应根据内部控制手册和各项内部控制制度，对内部控制的适用性和合理性进行客观的评价，确定内部控制的合理性。

总之，行政事业单位内部控制的实施与评价是一项系统工程，需要全面、客观、科学地进行评估和判断，以确保内部控制的有效性和合理性，为提高管理效益、保障财务报告的真实性和合规性、防范和控制风险提供有力保障。

六、行政事业单位的资产管理

（一）行政事业单位的资产管理目标

行政事业单位资产管理的目的是确保资产的合理配置和使用，提高资产使用效益，防止资产流失和浪费。

具体目标包括：

（1）满足行政事业单位履行职责的需要。确保资产满足单位的日常工作需求，提高工作效率和服务质量。

（2）优化资产结构。通过资产配置和调整，优化资产结构，提高资产的整体使用效益。

（3）提高资产使用效率。通过合理配置、有效利用资产，降低资产闲置率，提高资产的使用效率。

（4）规范资产管理。建立健全资产管理制度，规范资产购置、使用、处置等环节，保证资产安全、完整。

（5）防止资产流失和浪费。加强对资产的监督和检查，防止资产流失、浪费和滥用，维护国家财产安全。

总之，行政事业单位资产的类型与管理目标涵盖了资产的多个方面，旨在实现资产的合理配置、高效使用和规范管理。

（二）固定资产的分类与核算

在行政事业单位的资产管理中，固定资产的分类与核算是一个重要的环节。固定资产的分类与核算不仅有助于行政事业单位对固定资产进行有效管理，还能为财务报表的编制提供准确信息。

1.固定资产的分类

固定资产可以分为以下几类：

（1）房屋及建筑物：包括办公用房、生产经营用房、仓库、食堂等。

（2）通用设备：包括办公设备、电脑、打印机、传真机等。

（3）专用设备：包括行政事业单位特有的设备，如科研仪器、教学设备等。

（4）文物和陈列品：包括历史文物、艺术品、陈列品等。

（5）图书、档案：包括图书、杂志、报纸、档案资料等。

（6）家具、用具、装具及动植物：包括办公家具、厨房用具、卫生用具等。

2.固定资产的核算

固定资产的核算主要包括以下几个方面：

（1）固定资产的增加。行政事业单位购置固定资产时，应按照购置价、相关税费、运输费、安装费等实际发生的费用计入固定资产账面价值。如果是以一笔款项购入多项没有单独标价的固定资产，则应按照各项固定资产同类或类似固定资产市场价格的比例对总成本进行分配，分别确定各项固定资产的入账价值。

（2）固定资产的减少。行政事业单位出售、报废、捐赠固定资产时，应按照固定资产的账面价值进行核算。固定资产的账面价值是指固定资产科目账面余额减去累计折旧科目账面余额后的净值。

（3）固定资产的折旧。行政事业单位应按照固定资产的预计使用年限和残值率计提折旧。折旧费用可以分期计入成本，也可以在固定资产报废时一次性计入成本。

（4）固定资产的清理。行政事业单位应对固定资产进行定期清理，及时更新固定资产台账，确保固定资产信息的准确性。

总之，行政事业单位固定资产的核算是一个复杂的过程，需要严格按照相关规定进行。通过固定资产的分类与核算，行政事业单位可以更好地管理固定资产，为财务报表的编制提供准确信息。

（三）流动资产的类型与核算

1.流动资产的类型

流动资产是指行政事业单位在一年内或一个营业周期内能够变现或耗用的资产，主要包括现金和银行存款、应收账款、存货等。

（1）现金和银行存款：现金和银行存款是行政事业单位最直接的流动资产，也是最常用的支付手段。现金和银行存款的核算应当注重安全性、准确性和及时性。行政事业单位应当建立严格的现金和银行存款管理制度，确保资金的安全和正确使用。

（2）应收账款：应收账款是指行政事业单位因销售商品、提供劳务等而应收的款项。应收账款的核算应当注重账款的真实性、准确性和及时性。行政事业单位应当建立完善的应收账款管理制度，包括账款催收、账龄分析等，确保账款及时收回。

（3）存货：存货是指行政事业单位持有的待售商品、原材料、在制品等。存货的核算应当注重存货的真实性、准确性和及时性。

行政事业单位应当建立严格的存货管理制度，包括存货的采购、保管、领用等，确保存货的安全和正确使用。

2.流动资产的核算

流动资产的核算是企业财务管理中非常重要的一个环节，主要包括以下几个方面：

（1）货币资金的核算。货币资金是企业资产中流动性最强的一种，包括现金、银行存款和其他货币资金。企业应建立严格的货币资金管理制度，确保资金的安全和有效使用。

（2）应收及预付款的核算。应收及预付款主要包括应收账款、预付账款和其他应收款。企业应定期对应收及预付款进行清理，防止呆账、坏账的发生，确保资金的及时回收。

（3）存货的核算。企业应建立存货管理制度，定期对存货进行盘点、核算，确保存货的真实性和准确性。

（4）交易性金融资产的核算。交易性金融资产是指企业为实现交易目的而持有的金融资产，如股票、债券等。企业应根据公允价值对交易性金融资产进行核算，并定期对其进行估值，确保公允价值的准确性。

（5）其他流动资产的核算。其他流动资产包括待摊费用、预收账款等。企业应对这些资产进行定期核算，确保财务报表的真实性和准确性。

总之，行政事业单位流动资产的核算是一个复杂的过程，需要行政事业单位加强内部管理，建立完善的财务制度，确保流动资产的安全、准确。同时，行政事业单位也应当注重流动资产的优化配置，提高流动资产的使用效率，为单位的业务活动提供更好的支持。

（四）其他资产的管理与核算

在行政事业单位的资产管理中，其他资产的管理与核算是一个重要的环节。所谓其他资产，是指除流动资产、长期投资、固定资产和无形资产以外的资产。这类资产通常具有较长的使用寿命，但价值相对较低。主要包括以下几类：

1.长期待摊费用

长期待摊费用指行政事业单位在未来一定时期内分期摊销的费用，如装修费、广告费等。在管理与核算时，应将其纳入长期待摊费用科目，按照实际发生的金额进行核算，并按照规定的方法进行摊销。

2.库存物资

库存物资指为满足日常办公和业务活动需要而储备的物品，如办公用品、低值易耗品等。在管理与核算时，应建立库存物资台账，定期进行盘点，确保库存物资的账实相符。

3.礼品

礼品指行政事业单位在公务活动中接收的物品。在管理与核算时，应将礼品进行分类登记，对价值较高的礼品进行估价，并按照规定的方法进行摊销。

4.出租出借资产

出租出借资产指行政事业单位将其固定资产或无形资产出租或出借给其他单位使用的资产。在管理与核算时，应签订租赁合同或出借协议，明确租赁或出借期限、租金等内容，并按照合同或协议的规定进行核算。

5.固定资产清理

固定资产清理指行政事业单位对其固定资产进行清理、报废、核销等处理。在管理与核算时，应按照规定程序进行审批，并按照清理、报废、核销的原因进行分类核算。

总之，在行政事业单位的资产管理中，其他资产的管理与核算是一个复杂且重要的环节。只有做好其他资产的管理与核算，才能确保行政事业单位的财务状况真实、完整、准确。

七、行政事业单位的负债管理

（一）行政事业单位负债的类型与管理目标

1.行政事业单位负债的类型

行政事业单位负债主要分为短期负债和长期负债两大类。

（1）短期负债

①短期借款，指期限在一年以内的借款。②应付账款，指行政事业单位因购买商品、接受服务等应付的款项。③预收账款，指行政事业单位预先收取的服务费、报名费等。

（2）长期负债

①长期借款，指期限在一年以上的借款。②长期应付款，指期限在一年以上的应付款项，如购买固定资产的款项等。

2.行政事业单位负债管理目标

行政事业单位负债管理的总体目标是保持负债结构的合理性，降低负债成本，确保负债的安全性和流动性。

具体包括以下几个方面：

（1）控制负债规模：行政事业单位应根据自身承受能力合理控制负债规模，避免过度负债。

（2）优化负债结构：通过调整负债类型、期限、利率等，优化负债结构，降低负债成本。

（3）加强风险管理：行政事业单位应对负债进行风险评估，建立风险预警机制，防范和化解财务风险。

（4）提高资金使用效率：通过合理安排负债，提高资金使用效率，保证行政事业单位正常运转。

（5）加强负债监管：建立健全负债监管制度，对负债的申请、审批、使用、偿还等进行严格管理。

总之，行政事业单位负债管理的目标是确保负债安全、降低成本、提高资金使用效率，为行政事业单位的正常运转提供财务保障。

（二）借入款项的核算与管理

借入款项是行政事业单位为实现其职能目标而从外部借入的资金。借入款项的核算与管理主要包括以下几个方面：

1.借入款项的分类与计价

按照借款期限和来源，借入款项可分为短期借款和长期借款。借入款项的计价应按照实际发生额计量。

2.借入款项的核算

行政事业单位应设置"借入款项"科目，对各项借入款项进行明细核算。借入款项时，借记"借入款项"科目，贷记"现金"或"银行存款"科目；归还借入款项时，借记"现金"或"银行存款"科目，贷记"借入款项"科目。

3.借入款项的管理

行政事业单位应根据实际需要和偿还能力控制借款规模，坚持有偿使用、到期偿还的原则。对于借入的款项，应明确借款用途、借款期限和利息计算方式，并签订借款合同，确保借款活动的合法性和合规性。

（三）应付款项的核算与管理

应付款项是行政事业单位在采购商品、接受服务等过程中产生的债务。应付款项的核算与管理主要包括以下几个方面：

1.应付款项的分类与计价

应付款项按照应付时间和来源，可分为应付账款、应付工资、应付福利费等。应付款项的计价应按照实际发生额计量。

2.应付款项的核算

行政事业单位应设置"应付款项"科目，对各项应付款项进行明细核算。发生应付款项时，借记"事业支出"或"经营支出"科目，贷记"应付款项"科目；支付应付款项时，借记"应付款项"科目，贷记"现金"或"银行存款"科目。

3.应付款项的管理

行政事业单位应加强对应付款项的管理，及时核实应付款项的金额，合理安排资金使用，确保应付款项的及时支付。同时，应建立应付款项的催款制度，避免因拖欠款项而产生法律风险。

（四）其他负债的核算与管理

其他负债是指除借入款项和应付款项以外的负债。其他负债的核算与管理主要包括以下几个方面：

1.其他负债的分类与计价

其他负债主要包括预收款、预付款、预计负债等。其他负债的计价应按照实际发生额计量。

2.其他负债的核算

行政事业单位应设置"其他负债"科目,对其他负债进行明细核算。发生其他负债时,借记"其他负债"科目,贷记相关科目;支付其他负债时,借记相关科目,贷记"其他负债"科目。

3.其他负债的管理

行政事业单位应加强对其他负债的管理,及时核实其他负债的金额,合理安排资金使用,确保其他负债的及时支付。同时,应建立其他负债的催收制度,避免因拖欠款项而产生法律风险。

八、行政事业单位的财务监督与审计

(一)行政事业单位财务监督的概念和内容

1.行政事业单位财务监督的概念

行政事业单位财务监督是对行政事业单位的财务活动进行监督和管理的一种行为,旨在保障行政事业单位的财务活动合法、合规、合理,促进行政事业单位财务工作的健康和可持续发展。

行政事业单位财务监督的主体是政府财政部门和审计部门,客体是行政事业单位的财务活动。行政事业单位财务监督是一种外部监督,具有强制性和权威性。

2.行政事业单位财务监督的内容

(1)财务预算的监督。财务预算是行政事业单位财务活动的重要组成部分,是行政事业单位财务监督的重点之一。监督的内容包括预算编制的真实性、合理性、科学性,预算执行的及时性、合规性、效益性等。

(2)财务收支的监督。财务收支是行政事业单位财务活动的核心。监督的内容包括收支的真实性、合规性、合理性、效益性等。其中,真实性指财务收支必须真实反映行政事业单位的经济活动;合规性指财务收支必须符合国家法律法规和政策规定；合理性指财务收支必须符合经济效益原则；效益性指财务收支必须达到预期效果，实现行政事业单位的目标。

（3）财务报表的监督。财务报表是行政事业单位财务活动的重要成果。监督的内容包括财务报表的真实性、准确性、完整性、及时性等。其中，真实性指财务报表必须真实反映行政事业单位的财务状况；准确性指财务报表必须准确反映行政事业单位的财务状况；完整性指财务报表必须全面反映行政事业单位的财务状况；及时性指财务报表必须及时报送有关部门和人员，以便及时进行监督和管理。

（二）行政事业单位内部审计机构设置与职责

1.行政事业单位内部审计机构设置

内部审计机构是行政事业单位内部控制体系的重要组成部分，其设置的合理性和有效性直接关系到内部审计工作的质量和效果。

在我国，行政事业单位内部审计机构的设置通常包括以下几个方面：

（1）独立性：内部审计机构应当独立于被审计单位各部门，以保证内部审计工作的客观性和公正性。内部审计机构应当直接向单位主要负责人报告，并对其负责。

（2）专业性：内部审计机构应当配备一定数量的具有审计、会计、财务、税收等专业知识和技能的人员，以保证内部审计工作的专业性和准确性。

（3）权威性：内部审计机构应当具有一定的权威性，能够对被审计单位的管理层和员工进行有效的监督和检查。内部审计机构的职责和权限应当明确，并应当与被审计单位的日常经营管理活动保持一定的距离。

2.行政事业单位内部审计机构职责

内部审计机构是行政事业单位内部控制体系的重要组成部分，其职责主要包括以下几个方面：

（1）财务审计：内部审计机构应当对被审计单位的财务报表、财务报告、预算执行情况进行审计，以保证财务信息的真实、准确和完整。

（2）内部控制审计：内部审计机构应当对被审计单位的内部控制体系进行审计，以评估内部控制的有效性和合理性。内部审计机构应当对内部控制的缺陷和不足提出改进建议，并督促被审计单位进行改进。

（3）风险管理审计：内部审计机构应当对被审计单位的风险管理情况进行审计，以评估风险管理的有效性和合理性。内部审计机构应当对风险管理的缺陷和不足提出改进建议，并督促被审计单位进行改进。

（4）合规性审计：内部审计机构应当对被审计单位的合规性情况进行审计，以评估被审计单位遵守法律法规、规章制度的情况。内部审计机构应当对发现的违规行为和问题提出改进建议，并督促被审计单位进行改进。

（5）其他职责：内部审计机构还应当对被审计单位的内部管理、人力资源、采购、资产管理等方面进行审计，以评估被审计单位的运营效果和管理水平。内部审计机构应当对发现的问题提出改进建议，并督促被审计单位进行改进。

（三）行政事业单位财务报告的编制与审计

1.行政事业单位财务报告的编制

行政事业单位财务报告的编制是指在一定的会计期间内，按照规定的格式、内容和程序，对单位的财务状况、财务活动、现金流量和经营成果进行全面、系统、真实、准确的记录、汇总和报告的过程。它是财务管理的重要组成部分，对于评估单位的经营绩效、财务状况等具有重要的意义。

行政事业单位财务报告的编制主要包括以下几个步骤：

（1）确定会计期间。行政事业单位的会计期间一般为年度，也可以根据实际情况选择季度、月度等作为会计期间。

（2）收集会计资料。收集和整理行政事业单位在会计期间内的各种会计资料，如原始凭证、会计账簿、财务报表等。

（3）编制财务报表。根据收集的会计资料，按照规定的格式和内容，编制资产负债表、收入支出表、现金流量表、财政补助收入支出表等财务报表。

（4）编写财务报告。在财务报表的基础上，对单位的财务状况、财务活动、现金流量和经营成果进行分析和解释，编写财务报告。

（5）审核财务报告。对编制好的财务报告进行内部审核，确保财务报告的真实性、准确性和完整性。

2.行政事业单位财务报告审计

行政事业单位财务报告审计是指审计机构依法对行政事业单位的财务报告进行独立、客观、公正的审计，以判断财务报告的真实性、准确性和完整性，为决策者提供可靠的决策依据。

行政事业单位财务报告审计主要包括以下几个方面：

（1）审计程序：按照审计准则和审计程序的要求，进行审计计划编制、审计证据收集、审计报告编写等审计工作。

（2）审计范围：对行政事业单位的财务报告进行全面的审计，包括资产负债表、收入支出表、现金流量表、财政补助收入支出表等财务报表。

（3）审计方法：采用抽查、详查、比较分析等审计方法，对财务报告的真实性、准确性、完整性进行审计。

（4）审计标准：依据国家有关法律法规、财务报告编制规定和审计准则，对财务报告进行审计。

（5）审计报告：在审计工作完成后，编写审计报告，对财务报告的真实性、准确性和完整性进行评价，并提出意见和建议。

（四）行政事业单位财务监督与审计的协同作用

1.提高审计效果

财务监督与审计协同可以提高审计的准确性、全面性、深入性。通过财务监督，审计人员可以更好地了解被审计单位的财务状况、经营情况和风险点，从而有针对性地进行审计，提高审计的效率和效果。

2.强化内部控制

财务监督与审计协同可以加强被审计单位的内部控制，提高财务管理水平。通过审计，审计人员可以发现被审计单位在财务管理、内部控制方面存在的问题，及时提出改进建议，帮助单位完善内部控制体系。

3.促进问题整改

财务监督与审计协同可以促使被审计单位认真整改审计发现的问题。审计人员在对被审计单位进行审计时，可以针对审计发现的问题，与被审计单位的财务监督部门共同研究整改措施，推动问题整改到位。

4.加强队伍建设

财务监督与审计协同可以加强审计队伍和财务监督队伍建设。通过共同开展工作，两个部门的干部可以互相学习、互相提高，提高整体业务素质和工作水平。

5.推动党风廉政建设

财务监督与审计协同可以推动行政事业单位的党风廉政建设。通过对单位财务状况的监督和审计，相关部门可以发现党风廉政建设方面的漏洞和问题，及时进行整改，推动单位党风廉政建设的深入开展。

总之，行政事业单位财务监督与审计的协同有利于提高审计质量和效果，加强单位内部控制，推动问题整改和党风廉政建设。为了更好地发挥协同作用，行政事业单位应加强财务监督与审计的协作，建立健全协同工作机制，共同为单位财务安全保驾护航。

九、行政事业单位财务管理的未来发展

（一）行政事业单位财务管理的新要求

新时代对行政事业单位财务管理提出了新的要求。为了更好地服务社会和公众，提高行政事业单位的工作效率，必须对财务管理进行改革与创新。

1.加强财务预算管理

预算管理是行政事业单位财务管理的核心环节，也是财政资金合理使用的基础。新时代要求行政事业单位加强财务预算管理,提高资金使用效率。具体来说,要做好预算编制、执行、监督和评价等环节的工作,确保财政资金的合理分配和有效使用。

2.推进财务信息化建设

信息化建设是提高行政事业单位财务管理水平的有效途径。新时代要求行政事业单位积极推进财务信息化建设,利用信息技术手段提高财务管理效率。这包括建立财务信息管理系统,实现财务数据采集、处理、分析和传递等功能的自动化,以及加强对财务数据的安全保护等。

3.完善内部控制体系

内部控制是行政事业单位财务管理的重要组成部分,也是防范财务风险的关键。新时代要求行政事业单位完善内部控制体系,确保财务活动的合规性和有效性。这包括建立健全内部控制制度,加强对财务人员的培训和监督,强化内部审计等。

4.提高资金使用效益

新时代要求行政事业单位提高资金使用效益,更好地服务社会和公众。这需要行政事业单位在资金使用过程中,注重成本控制,优化资源配置,提高资金使用效率。同时,还要加强对资金使用效果的评估,确保资金使用的经济性、有效性。

5.加强财务监管和公开

新时代要求行政事业单位加强财务监管和公开,提高财务管理透明度。这包括加强对财务活动的监督,及时发现和纠正财务违规行为,以及主动公开财务信息,接受社会监督。这有助于增强公众对行政事业单位的信任。

总之,行政事业单位应根据新时代的要求,积极推进财务管理改革与创新,不断提高财务管理水平。

(二)信息技术在行政事业单位财务管理中的应用

随着信息技术的不断发展,行政事业单位财务管理也逐渐向数字化转型。

在信息技术没有大规模应用之前，财务管理主要依靠人工进行，工作效率低下，容易出现错误。将信息技术应用于财务管理，可以大大提高工作效率，减少错误，提高财务管理的精确度和可靠性。信息技术在行政事业单位财务管理中的应用主要包括以下几个方面。

1.财务信息化

财务信息化是指将传统的财务业务通过信息技术手段进行数字化、自动化处理，保证财务信息的全面、准确、及时和可靠。财务信息化的实现，可以让行政事业单位实现对财务信息的全面管理，包括预算管理、会计核算、内部控制等方面。

2.电子支付

电子支付是指通过电子手段完成的支付。在行政事业单位中，电子支付可以大大提高支付效率，降低人工操作的出错率，同时也可以规避现金流通相关风险。

3.财务数据分析

财务数据分析是指对财务信息进行分析和挖掘，发现其中的规律和趋势，为决策提供支持。通过财务数据分析，行政事业单位可以更好地掌握自己的财务状况，作出更加科学合理的财务决策。

4.云计算

云计算是一种通过网络将计算资源和服务提供给用户的模式。在行政事业单位财务管理中，云计算可以提供更加灵活、可靠的财务信息化服务，同时也可以降低信息化成本和维护费用。

不可否认，随着科技的不断发展，信息技术在财务管理中的应用将会越来越广泛和深入。

（三）行政事业单位财务管理的创新与发展趋势

随着时代的发展和经济的不断进步，行政事业单位财务管理也在不断创新与发展。新形势下，为了更好地适应社会发展的需求，行政事业单位应不断创新，提高财务管理效率。

首先，行政事业单位财务管理创新体现在信息化技术的运用上。随着互联网的普及和信息技术的不断发展，行政事业单位财务管理逐渐向信息化、网络化方向发展。财务软件的使用，大大提高了财务管理的效率和准确性，降低了财务风险。同时，借助大数据、云计算等技术，财务数据被深度挖掘和分析，为决策提供了有力支持。

其次，行政事业单位财务管理创新体现在财务管理的观念上。传统财务管理主要注重财务数据的记录和报表的编制，现代财务管理则更加注重财务数据的分析和预测，以支持决策。因此，行政事业单位需要从战略高度出发，树立财务管理的新观念，充分发挥财务管理在单位发展中的重要作用。

再次，行政事业单位财务管理创新体现在财务预算管理上。预算管理是财务管理的核心环节，可以通过科学合理的预算编制和执行，实现财务资源的合理配置，提高资金使用效率。新形势下，行政事业单位应积极探索灵活、动态的预算管理方式，以满足不断变化的实际需求。

最后，行政事业单位财务管理创新体现在财务监督与评价上。为了保证财务管理的有效性和合规性，行政事业单位需要建立健全内部财务监督体系，加强财务风险防范。同时，通过财务报告和财务分析，对财务状况进行客观评价，为决策提供有力依据。

总之，行政事业单位财务管理在创新与发展过程中，应注重信息化技术的应用、财务管理观念的更新、预算管理的改进以及财务监督与评价的完善。只有不断推进财务管理创新与发展，才能更好地为我国经济社会的持续发展服务。

第二节 企业财务管理概述

一、企业财务及其管理

企业财务是指企业在生产经营过程中客观存在的资金运动及其所体现的经济利益关系。

企业财务管理是企业根据相应的法律、法规,利用价值形式对企业生产经营过程进行的管理,是组织财务活动、处理财务关系的一项综合性管理工作。

西方财务学主要由三大领域构成,即公司财务、投资学和宏观财务。其中,公司财务在我国常被译为"公司理财学"或"企业财务管理"。企业财务管理是通过价值形态对企业资金运动进行决策、计划和控制的综合性管理。财务不同于其他部门,本身并不能创造价值,但企业财务管理直接向管理层提供第一手的信息,因此实际上它是一个隐性管理部门。企业财务管理的内容包括固定资金管理、流动资金管理、销售收入和利润的管理、专用基金管理等。也有另一种观点认为,企业财务管理的主要内容为筹资管理、投资管理、营运资金管理以及利润分配管理。

在一个企业中,财务管理最重要的职能就是对生产经营活动发挥指导作用。财务部门最注重数据资料研究,财务人员得到数据后,利用自身专业的敏感度,迅速分析业务的变动情况,从而提升对经济活动的洞察能力。随着财务对经营活动支持程度的提高,整个企业的经营发展水平将不断提高。

二、企业财务关系

企业财务活动，一方面体现了企业经营活动中的资金运动，另一方面也体现了与企业相关的各方面的经济关系。这种由企业财务活动引起的企业与各方面的经济关系称为企业财务关系。企业财务关系主要表现在以下七个方面。

（一）企业与所有者之间的财务关系

企业与所有者之间的财务关系，主要是指所有者向企业投入资金，并据以拥有企业净资产的终极所有权和收益分配权的关系。任何一个企业都是由所有者出资投入才成立的，企业的所有者与企业之间是所有权关系。由于出资主体不同，企业的所有者可以是国家，也可以是其他法人单位或个人。所有者按投资章程或合同的规定，向企业投入资金，形成企业的资本金；企业在经营获利以后，也必须按合同、章程的规定向所有者分配利润。企业所有者按投入资金比例的不同，分为拥有控制权的所有者与不拥有控制权的所有者。拥有控制权的所有者直接影响企业的重大经营决策，不拥有控制权的所有者一般只获得投资收益。所有者的资金一旦进入企业，在企业正常经营期间就不能抽回，但可以按规定的程序转让。企业经营获利的最大受益者是所有者，企业经营亏损的最大承担者也是所有者。企业财富的增加意味着所有者财富的增加，企业财富的减少也意味着所有者财富的减少。因此，企业与所有者之间的财务关系，体现着所有权的性质以及所有者在企业中的利益。

（二）企业与债权人之间的财务关系

企业与债权人之间的财务关系，主要是指企业向债权人借入资金，并按债务合同的规定向债权人按期支付利息和偿还本金的合同关系。负债经营是现代企业的一种普遍的经营方式。企业可以通过借入资金，相应地扩大经营规模，降低筹资成本，提高主权资本的收益率。企业可以向银行或其他非银行金融机构借入资金，也可以通过发行债券向社会筹集债务资金。企业借入的资金，必须按债务合同的规定定期向债权人支付利息，并按约定期限归还债权人本金。企业与债权人之间的财务关系实质上属于债务与债权关系。

（三）企业与债务人之间的财务关系

企业与债务人之间的财务关系，主要是指企业通过购买债券或商业信用等形式出借给其他单位，并要求债务人按期交付利息和偿还本金的合同关系。企业在保证正常经营的情况下，为了增加投资收益，可适当地购进部分债券，形成企业的对外投资。进行债券投资，企业有权要求债务人按合同规定定期支付利息和到期偿还本金。有的企业在商品或劳务交易中，利用了延期付款的方式，导致企业资金被其他单位占用，这种由企业之间的商业信用而形成的企业与债务人之间的关系，企业有权要求购货方在合同规定的期限内偿还货款。企业与债务人之间的财务关系体现的是债权与债务的关系。

（四）企业与被投资单位的财务关系

企业与被投资单位的财务关系，主要是指企业通过购买股票或直接投资的方式向其他单位投资所形成的财务关系。企业以股权的方式进行对外投资，可实现企业的多元化经营，降低企业的经营风险，增加企业收益。如果企业对被投资单位有控制权，那么其不仅可获得投资收益，还可以控制被投资单位的重大经营决策，实现企业的经营目标。即便是没有控制权的投资，也须按出资数额分配被投资单位的税后利润。因此，企业与被投资单位的财务关系体现的是企业投资的所有权性质与被投资单位的利益关系。

（五）企业与职工之间的财务关系

企业与职工之间的财务关系，主要是指企业在向职工支付劳动报酬的过程中所形成的财务关系。企业职工是企业生产经营活动的主要参与者，在企业生产经营中付出了体力和脑力劳动。企业必须根据职工提供的劳动数量和质量，用其收入向职工支付劳动报酬，并提供必要的福利和保险待遇。企业与职工之间的这种财务关系，体现了企业与职工个人在劳动成果上的分配关系。

（六）企业内部各单位之间的财务关系

企业内部各单位之间的财务关系，主要是指企业内部各单位之间在生产经营各环节相互提供产品或劳务所形成的经济关系。在实行厂内分级核算制和内部经营责任制的条件下，企业产供销各个部门以及各个生产单位之间，相互提供产品和劳务也要计价结算。这种在企业内部形成的结算关系，体现了企业内部各单位之间的利益关系。

（七）企业与国家之间的财务关系

企业与国家之间的财务关系，主要是指由企业向国家纳税所形成的国家与企业之间的财务关系。国家政权机关承担对全社会的管理工作，为维持国家机器的正常运转，必须向各类纳税人（包括企业）征收税款。任何企业在其正常的经营过程中，都要依法向国家缴纳各种税金，包括所得税、流转税和计入成本的税金等。向国家缴纳各种税金是每个企业必须履行的责任和义务。这种由企业向国家纳税所形成的国家与企业之间的财务关系，是自企业成立便形成的，向国家缴纳各种税金是每个企业必须履行的责任和义务。这种关系体现的是一种强制和无偿的分配关系。

总之，企业在组织财务活动的过程中，必须正确处理与各方面的经济关系，遵守国家的法律法规，履行有关合同，保护各方面的利益，协调与各方面的关系，以提高企业的生产经营效率。

三、企业财务管理的职能

每一家企业对财务管理都很重视，企业规模不同，性质各有差异，财务机构的设置、人员配备、机构内部岗位设置也不尽相同，但从企业财务应具备的职能上看，无论企业财务机构、岗位如何设置，人员如何配备，财务作为企业管理过程中不可或缺的部分，都应具备以下七个方面的职能。

（一）算好账

会计核算是企业财务管理的支撑，是企业财务最基础、最重要的职能。会计的基本职能，无论是二职能论（反映与监督）、三职能论（反映、监督及参与决策）还是五职能论（反映、监督、预算、控制与决策），其第一项职能都是反映，反映职能是通过会计核算体现的。会计核算作为一门管理科学，而且是一门硬科学，有一套严格的确认、计量、记录和报告程序与方法。会计是用价值的方式来记录企业经营过程、反映经营得失、报告经营成果的，会计的审核和计算只有在业务发生后才能进行，因此会计核算都是事后反映，其依据《中华人民共和国会计法》《企业财务通则》等进行分类整理。作为管理科学的一个分支，它有一整套的国际通行的方法和制度，包括记账方法、会计科目、会计假设以及国家制定的会计准则、制度、法规、条例等，这些方法和制度为会计核算提供了较多的规范，目的是要得出一本"真账"，使结论具有合法性、公允性、一贯性。相对来讲，结论是"死的"，不同的人对相同的会计业务进行核算，不应存在大的出入。

（二）管好钱

除会计核算外，会计还有一项职能就是监督，会计监督是全方位的，包括企业的各个方面，其中对企业资金的监督是每家企业都非常重视的事情。对任何企业来说，资金的运用与管理都是一个非常重要的事，资金于企业而言犹如人们身上的血液，出现任何问题都有可能使企业面临危机。作为企业价值管理的财务部门，其重要职能包含资金的筹集、调度与监管，简单地说就是把企业的"钱"管好。

资金的运用与管理有别于会计核算，没有一套严格的管理方法，企业间差别较大，资金计划、筹融资、各项结算与控制都属于资金运用与管理范围，企业性质、资金量、会计政策、信用政策、行业特点、主要决策者偏好，甚至资金调度人员的经验都可能给企业资金运用与管理带来影响。建立企业资金管理制度，可在一定程度上避免资金的使用不当，但要提高企业资金效用，单靠制度很难实现，除应建立一套适合企业的资金审批、监控系统外，还需要选择有一定经验的人员进行此项工作。

（三）理好关系

企业在生产经营过程中所涉及的财务关系很多，既有内部各部门之间的，又有企业与外部各供应商、客户、银行、政府等的关系，财务部门应协调好这些关系。

（四）监控资产

财务部门的第一职能是会计核算，会计核算是用价值手段全面反映企业实物运动的过程，实物从这个车间到那个车间，从这道工序到那道工序，无不在会计核算的反映之内，因此除了要求账账相符、账证相符，账实相符也是财务履行其监督职能的一个重要方面。财务部门可通过定期与不定期地进行资产抽查与盘点，查看企业资产实物与财务记录数据是否相符，从资产监管的角度来参与企业资产管理，保证财务记录的真实性以及企业资产的安全与完整性。

（五）管好信用

信用管理作为企业财务管理的内容之一，本不应单独列为财务职能，但由于其重要程度及信用管理的复杂性，企业将其从财务管理职能中分离出来，并单独形成职能。在过剩经济时代，企业少不了与客户之间发生一些往来款项，其中不乏赊销。随着赊销业务的增加，企业发生呆坏账的可能性也在增加。在毛利率不高的情况下，一笔呆坏账可能超过企业的全年利润。为减少呆坏账的发生，企业间的信用管理与控制也越来越受到重视。

企业的信用政策往往与销售业绩直接联系在一起，采用什么样的信用政策，客户的信用记录如何，直接关系到企业销售量和呆坏账数量的多少，因此企业信用管理是十分重要的。对于各客户的购货量、货款支付的及时性、业务过程中是否容易合作等，市场部门和财务部门都应全面掌握。根据企业管理中的相互制约原则，企业信用管理工作一般落实在财务部门，信用管理成为财务工作的重要职责之一，管好客户信用也就控制了企业呆坏账的发生率。

（六）做好参谋

管理会计主要从管理的角度，根据决策者的需要将企业以往发生的财务事项进行重新组合、分解，利用趋势预测等方法，为决策者提供一些决策数据。虽然管理会计的重要来源是财务会计，但不像财务会计那样有严格的方法、政策限制，不受财务会计"公认会计原则"的限制和约束，得出的结论往往带有一些假设成分。由于管理会计与企业会计核算不可分割，因此其成为财务管理的重要内容之一。

企业财务应在会计核算与分析的基础上，结合管理会计，为企业生产经营、融资、投资等提供正确决策数据，做好参谋。

（七）计好绩效

谈到绩效考核，少不了对各项完成指标的计量与比较，这些计量与比较就需要会计方面的价值计量，生产过程中的增值、费用控制、产值等都是财务会计的计量范围。在价值计量上，企业中还没有哪一个部门能比财务部门更专业和全面，因此企业绩效考核工作就需要财务部门的参与。

四、企业财务管理环节

财务管理环节是企业财务管理的工作步骤与一般工作程序。一般而言，企业财务管理的环节主要有财务预测、财务决策、财务预算、财务控制、财务分析和财务考核六个方面。这些管理环节互相配合，紧密联系，形成财务管理循环过程，构成完整的财务管理工作体系。

（一）预测与决策

1.财务预测

财务预测是根据企业财务活动的历史资料，考虑现实的要求和条件，对企业未来的财务活动作出较为具体的预计和测算的过程。现代企业财务管理要求必须具备预测这个"望远镜"，以便把握未来，明确方向。

财务预测的内容主要包括销售预测、资金预测、成本费用预测和利润预测。销售预测是对销售量、销售价格、销售收入作出的预测。资金预测是对资金需要量、现金流量作出的预测。成本费用预测是对销售成本、税金及期间费用等作出的预测。利润预测是对企业利润的形成及利润分配进行的预测。企业在进行财务预测时，应该收集和整理大量的财务资料和其他相关资料，运用科学的方法进行预测。合理的财务预测是科学财务决策的基础和前提保证。

财务预测的作用在于：可以预测各项生产经营方案的经济效益，为决策提供可靠的依据；可以预计财务收支的发展变化情况，以确定经营目标；可以测算各项定额和标准，为编制计划、分解计划指标服务。

财务预测的方法有许多种，常用的有定性预测法和定量预测法。定性预测法主要是利用直观资料，依据个人的经验和综合分析能力，对事物未来的状况和趋势作出预测的一种方法。主要包括专家意见法、专家调查法（德尔菲法）

和集体判断法。定量预测法是根据变量之间存在的数量关系（如时间关系、因果关系），建立数学模型来进行预测的方法。主要包括直接预测法、趋势预测法、因果预测法、回归预测法和指数预测法等。

财务预测的程序一般包括四个方面：一是明确预测对象与目的。为了达到预期的效果，必须根据管理决策的需要，明确预测的具体对象和目的，从而确定预测的范围，选用恰当的方法，进而保证预测的质量。二是收集和整理相关信息资料。根据预测的对象和目的，广泛收集有关资料，包括企业内部和外部资料、财务和生产技术资料、计划和统计资料、本年和以前年度资料等，并对资料的可靠性、完整性和典型性作出科学的判断，排除偶发因素的影响，对所收集的资料进行归类、汇总、调整等加工处理，使资料符合预测的需要。三是选定专门预测模型。根据影响预测对象的各个因素之间的相互联系，选择相应的财务预测模型。四是确定财务预测结果。根据选定的预测模型，将其影响预测对象的相关标量代入预测模型，采用恰当的方法，进行定性、定量分析，并对预测的结果进行适当的修正，编写预测报告。

2.财务决策

财务决策是指按照财务战略目标的总体要求，利用专门的方法对各种备选方案进行比较和分析，从中选出最佳方案的过程。在财务预测基础上所进行的财务决策，是编制财务计划、进行财务控制的基础，财务决策是财务管理的核心，决策的成功与否直接关系到企业的兴衰成败。

财务决策内容按具体对象可分为筹资决策、投资决策和股利分配决策。筹资决策是确定筹资数额、筹资渠道、筹资方式、资本结构等内容，并进行选优的决策。投资决策是采用专门的方法评价投资方案，进而确定最优投资方案的过程。股利分配决策是根据企业情况，采用不同的股利分配政策，以适应企业的发展，处理好股东之间的关系而进行的决策。

财务决策的方法主要有两类：一类是经验判断法。一般要根据决策者的经验来判断选择，常用的方法有淘汰法、排队法、归类法等。另一类是定量分析法。常用的方法有优选对比法、线性规划法、数学微分法、决策树法、损益决策法等。

　　财务决策的步骤一般包括三个方面：一是确定决策目标。根据企业的经营目标，在调查研究财务状况的基础上，确定财务决策所要解决的问题，如筹资中的发行股票与债券的决策、投资中的设备更新与购置的决策、对外投资种类的决策等，然后搜集企业内外部相关的资料，为决策做好相关准备。二是拟定备选方案。在充分预测未来各有关有利及不利条件的基础上，对各备选方案中决定现金流出、流入的各种因素，作出周密的计算，提出为达到财务决策目标而考虑的各种备选的行动方案，并对各备选方案的可行性进行充分论证。三是评价和选择最佳方案。按一定的评价标准，采用恰当的方法，对各备选方案的优劣或经济价值进行评价，进而确定预期效果最佳的财务决策方案。如果涉及重要的财务活动，还要聘请专家进行鉴定，以保证方案的切实可行。

（二）预算与控制

1.财务预算

　　财务预算又称为财务计划，是根据财务管理的总体目标，以确定的财务决策方案为依据，利用价值形式，确定预算期内各种预算指标的过程。财务预算是以财务决策确立的方案和财务预测提供的信息为基础编制的，是财务预测和财务决策的量化、具体化、系统化，反映企业与各方面的财务关系，是企业从事财务活动的纲领性文件，也是财务控制、财务分析、财务考核的依据。

　　财务预算有广义和狭义之分，狭义的财务预算是反映企业货币收支和财务状况的预算，主要包括现金预算、预计利润表、预计资产负债表和预计现金流量表等。广义的财务预算是一定时期内企业生产经营活动的全面预算，除上述狭义预算内容外，还包括销售预算、生产预算、直接材料预算、直接人工预算、制造费用预算、销售费用预算和管理费用预算等。

　　财务预算的编制方法主要有固定预算、弹性预算、增量预算、零基预算、定期预算和滚动预算。

　　财务预算的编制一般包括三个步骤：一是分析财务环境，确定预算目标。

按照国家的产业政策和企业决策的要求，根据供需状况和企业生产能力，运用科学方法，分析与所确定的经营目标有关的各种因素，按照总体经济效益的原则，确定各主要计划指标。二是协调财务能力，组织综合平衡。要合理安排人力、物力、财力，制定或修订各项定额指标，使之与企业经营目标的要求相适应。在资金管理方面，要保持流动资金同固定资金的平衡、资金运用同资金来源的平衡、财务支出同财务收入的平衡，以保证计划指标的落实。三是选择预算方案，编制财务预算。以经营目标为核心，以平均先进定额为基础，确定企业计划期内的各项指标，编制出财务计划表，并检查各项指标之间是否协调平衡。

2.财务控制

财务控制是利用有关信息和特定手段，对企业的财务活动施加影响或调节，以便实现预算（计划）所规定的财务目标的过程。财务控制是财务管理的基础性和经常性的工作，是实现财务管理目标的基本手段，是企业落实预算任务、执行财务制度、保证预算实现的有效措施。

财务控制内容主要包括利润控制、成本费用控制和资金调度控制。其以利润控制为龙头，关键是成本费用控制，核心是资金调度控制。财务控制体现了市场经济对企业财务管理的基本要求，以及企业目标和企业财务管理目标对企业财务管理的内在要求。

财务控制方式按控制权限的不同分为集中控制、分散控制和多级递阶控制。财务控制的方法按不同的控制标准分为制度控制、预算控制和定额控制；按不同次序通常分为前馈控制、过程控制和反馈控制等；按控制的手段分为定额控制和定率控制。

财务控制一般要经过以下步骤：一是确定控制目标。以财务计划为依据，确定企业总体目标，按照责、权、利相结合的原则，分解总体控制目标。二是制定控制标准。将总体可控目标层层分解到责任单位和个人。三是执行控制标准。在财务运行过程中进行适时控制，对符合标准的予以支持，反之加以限制，将财务活动控制在预算范围之内。四是确定执行偏差。及时掌握财务信息系统反馈回来的财务活动实际运行情况，按控制标准及时确定差异的性质及程度。五是消除执行偏差。分析偏差产生的原因及其责任归属，并采取有效措施消除差异，保证财务计划的完成。

（三）分析与考核

1.财务分析

财务分析是根据企业财务报表等信息资料，采用专门方法，系统分析和评价企业财务状况、经营成果以及未来趋势的过程。财务分析既是对已完成的财务活动的总结，也是财务预测的前提，在财务管理循环中起着承上启下的作用，承担着检查财务预算落实情况的职责。财务分析水平是决定财务管理整体水平最为重要的因素之一。

可以通过财务分析，掌握各项财务计划的完成情况，评价财务状况，研究和掌握企业财务活动的规律，改善财务预测、决策、预算和控制情况，提高经济效益和企业管理水平。

财务分析可分为定期分析和不定期分析；按范围大小可分为全面分析和专题分析。目前常用的分析方法有对比分析法、比率分析法、因素分析法和差额分析法等。

财务分析包括以下步骤：一是收集资料，掌握信息。充分收集相关历史资料、计划资料、实际资料、市场调查资料等相关信息，掌握基本情况。二是指标对比，揭露矛盾。通过数量指标的对比来评价业绩，包括实际与计划对比、本期与前期对比、本期与历史最高水平对比、本期与同行业水平对比等，从中发现问题，找出差距。三是分析原因，明确责任。影响企业财务活动的因素主要有生产技术方面的、生产组织方面的、经济管理方面的、思想政治方面的、企业内部的、企业外部的等，通过研究产生差距的原因与影响程度，依据责、权、利原则，明确责任，抓住关键。四是提出措施，改进工作。依据因素分析的结果，提出明确、具体、切实可行的改进措施，并要明确责任人和实现的期限，进一步推广落实。

2.财务考核

财务考核是将报告的实际完成数与规定的考核指标进行对比，确定有关责任单位和个人是否完成任务的过程。财务考核与奖惩紧密联系，是贯彻责任制原则的要求，也是构建激励与约束机制的关键环节。

财务考核的形式多种多样。可以用绝对指标、相对指标、完成百分比考核，也可以采用多种财务指标进行综合评价考核。

在一定时期终了，企业应对各责任单位的计划执行情况进行评价，考核各项财务指标的执行结果，把财务指标的考核纳入各级岗位责任制，运用激励机制实行奖优罚劣。

五、企业财务内部控制

内部控制所涉及的企业活动都与企业的财务资源息息相关。在内部控制的过程中，计划的制订、控制标准的设定以及控制效果的评价都离不开财务活动。因此，财务控制是内部控制的主要组成部分。健全和完善财务控制是提高企业财务管理水平的关键。

（一）财务内部控制的目标

企业财务内部控制，指企业为实现预期经营效果、落实经营理念、确保资产安全、保证会计数据真实，而在内部开展实施的一系列自我评价、约束控制、规划调整等方法的总称。

财务控制目标以保护企业财产、检查有关数据的正确性和可靠性、提高企业经营效率为出发点。主要包括：

1.保证企业经营管理合法合规

企业的经营活动只有在法律规定的空间内，才能受到法律和制度上的保护，无视法律的发展是不长久的，也不符合企业价值最大化的目标。为了更好地提升企业的价值，财务内部控制要求企业将发展置于国家法律法规允许的基本框架之内，在合法合规的基础上实现自身的发展。

2.保证企业资产安全

资产安全完整是投资者、债权人和其他利益相关者普遍关注的问题，是企业可持续发展的重要物质基础。良好的内部控制，应当为资产安全提供扎实的制度保障。在企业的生产经营过程中，劳动者需要对生产资料进行加工，如此才能使价值得以转移，并创造新价值。企业的价值在商品周而复始的循环运动中得以增加，所以资产安全完整为财务内部控制目标的实现提供了有力保证。

3.保证企业财务报告及相关信息真实完整

企业的经营基于代理关系，投资者对公司管理层的选择和考核都建立在真实的财务信息的基础上。可靠的信息报告能够支持管理层的决策，并对营运活动及业绩进行有效监控。

同时，保证对外披露的信息报告真实完整，有利于提升企业的诚信度和公信力，维护企业的良好声誉和形象。

4.提高经营效率和效果

企业应结合自身所处的特定经营环境，通过健全有效的内部控制，不断提高获利能力和管理效率。财务内部控制制度的建立与实施会使经营活动更加合理化，保证管理决策切实可行，合理地避免或减少风险损失，从而提升企业的经济效益。

5.促进企业实现发展战略

促进企业实现发展战略是财务内部控制的终极目标。它要求企业将近期利益与长远利益结合起来，在经营管理中努力作出符合战略要求、有利于提升可持续发展能力和创造长久价值的策略选择。这有利于企业管理层克服追求当前利益的短期行为，也有利于社会资源的合理配置，实现效益最大化。

（二）财务内部控制的基本原则

1.合法性

合法性原则要求企业在制定适合自身发展需要的财务内部控制制度时，在国家各种法律法规准许的范围之内活动，不能凌驾于国家法律之上。不能为达到公司的管理目标而无视国家法律。例如，有的企业会在部门内部私设小金库，目的是保证企业有充足的资金。但是这不符合国家法律和条例的规定，是违法行为。

2.适用性

适用性原则要求企业根据《企业内部控制基本规范》，制定符合自身和行业特点的财务内控制度，并随着企业发展及会计制度的变化进行及时补充和修改。一个企业的财务内部控制制度不是一成不变的，要根据企业的发展变化及会计制度的变化来进行修改和补充，只有这样，财务内控制度才能符合公司发展需要，并为公司的经营管理发挥积极作用。

3.成本与效益相匹配原则

企业是一个营利性组织，最关心的就是利润。在制定企业内控制度的时候，不仅要考虑该管理体系的效益及其给企业带来的经济利益，也要考虑为其所付出的成本，在成本和效益之间找到平衡。

（三）财务内部控制的要素

20世纪90年代，美国反虚假财务报告委员会下属的发起人委员会提交了一份举世瞩目的研究报告《内部控制——整体框架》，提出了著名的五要素理论，被认为是内部控制历史上的一个里程碑式的研究成果。

该报告提出，内部控制是由企业董事会、经理层以及其他员工为达到财务报告的可靠性、经营活动的效率和效果、相关法律的遵循三个目标而提供合理保证的过程。同时提出，内部控制包括内控环境、风险评估、控制活动、信息和沟通、监督五个相互关联的要素。

1.内控环境

内控环境是影响、制约企业内部控制制度建立和执行的各种要素的总称，是实施内部控制制度的基础内容。其主要包括治理结构、组织机构设置和权责分配、企业文化、人力资源政策、内部审计机制、反舞弊机制等内容。

2.风险评估

风险评估是及时识别风险、科学分析和评价影响企业内部控制目标实现的各种不确定因素并采取积极应对策略的过程，是实施内部控制的重要环节。其主要包括目标设定、风险识别、风险分析和风险应对等。

3.控制活动

控制活动是根据风险评估结果，结合风险应对策略所采取的确保企业内部控制目标得以实现的方法和手段，是实施内部控制的具体方式。其主要包括职责分工控制、授权控制、审核批准控制、预算控制、财产保护控制、会计系统控制、内部报告控制、经济活动控制、绩效考评控制、信息技术控制等。

4.信息和沟通

信息和沟通是及时、准确、完整地收集与企业经营管理相关的各种信息，并使这些信息以适当的方式在企业有关层级之间进行及时传递、有效沟通和正确应用的过程，是实施内部控制的重要条件。其主要包括信息的收集机制和在企业内外部的沟通机制等。

5.监督

监督是企业对其内部控制的健全性、合理性和有效性进行监督检查和评估，形成书面报告并作出相应处理的过程，是实施内部控制的重要保证。其主要包括对建立并执行内部控制制度的整体情况进行持续性监督检查，对内部控制的某一方面或某些方面进行专项监督检查，以及提交相应检查报告，提出针对性的改进措施等。其中，企业内部控制自我评估是内部控制监督检查中的一项重要内容。

上述内部控制的五个层次是相辅相成、缺一不可的。只有同时满足这五个要求，才能建立完善的内部控制体系。

六、企业财务风险管理

（一）财务风险管理的概念

财务风险管理是指经营主体对其理财过程中存在的各种风险进行识别、测定和分析评价，并适时采取及时有效的方法进行防范和控制，以经济、合理、可行的方法进行处理，以保障理财活动安全正常地开展，保证企业经济利益免受损失的管理过程。从其定义中可以归纳出以下几点：

（1）财务风险管理的对象包含各种资金运动风险。

（2）财务风险管理的目标是多重的。

（3）财务风险管理由风险的识别、估计、评价、控制、效果评价及反馈效果评价等环节组成。

（4）财务风险管理是一个动态的过程。

（二）财务风险管理的原则

财务风险管理对企业的经济效益与发展方向有着决定性的影响，因此企业在进行财务风险管理时，必须以一定的原则为指导。

1.均衡原则

均衡原则是指当投资者面临风险项目时，要在风险和收益之间做出权衡，当风险程度提高时，要使收益提高到足以使预期效用与原效用相等的均衡水平。均衡原则是管理者处理风险与收益的基本原则，是风险管理的总规则。

均衡原则是由财务风险的纯粹性与经济性所决定的。纯粹性是指财务活动的未来不确定结果可能给人们带来的不利影响，是风险的自然性态。经济性是指利用事件结果的不确定性特征，对财务进行科学管理而获取的收益。纯粹性决定了财务风险是企业获取收益的内在障碍，经济性表明财务风险为企业获取超额收益创造了外部条件。风险与收益的关系问题，并不是完全舍弃某个要素的问题，而是对二者进行选择的问题，也就是搭配问题。在进行财务风险管理时，要坚持在风险中获取收益，使风险与收益协调、均衡。

2.稳健性原则

稳健性原则是会计核算所遵循的基本原则，对财务风险管理同样具有指导意义。财务风险管理的稳健性原则，是由财务管理环境的不确定性和财务决策的科学性所决定的。

从企业财务活动的内容来看，财务风险可分为筹资风险、投资风险、资金回收风险和收益分配风险。稳健性原则应贯穿于各种风险管理的全过程。

（1）筹资风险管理的稳健性是指管理者在进行负债决策和资本结构决策时，要谨慎行事，充分估计未来各种不确定因素对企业的不利影响，从而克服筹资风险给企业带来的危害。

（2）投资风险管理的稳健性是指管理者要对未来的风险和损失有足够的认识，充分认识影响投资收益和支出的各项因素，避免盲目乐观和冒险主义，尽可能避免或降低投资风险。

（3）资金回收风险管理的稳健性是指在进行有关资金回收风险决策时，应对客户制定严格的信用标准，充分估计赊销订单给企业资金回收带来的风险和损失，寻求赊销决策与资金回收风险决策的最佳点。

（4）收益分配风险管理的稳健性是指决策者要把握既符合投资者利益又符合企业长远利益的最佳分配比例，克服超利润分配等短期行为给企业带来的危害。

3.独立性原则

独立性原则就是要有独立的机构、人员，对企业发展中存在的风险进行客观识别、度量和控制。独立性是财务风险管理制约的关键。

根据独立性原则，企业可设总经理（或副总经理）、风险管理委员会、督察部三级管理体系来进行财务风险管理。各级机构和人员应保持高度的独立性和权威性，负责对企业财务风险管理工作进行监察和稽核。总经理（或副总经理）负责制定企业的风险管理政策，对风险管理负完全的和最终的责任；风险管理委员会负责协助总经理（或副总经理）建立健全风险管理制度，保证企业风险管理制度适应企业发展的需要，制定企业的业务风险管理政策，协助总经理（或副总经理）工作；督察部应能够独立行使督察权，定期向风险管理委员会提交独立的评估报告和风险管理建议。

4.适时性原则

适时性原则是指企业财务风险管理应具有前瞻性，财务风险管理政策要随着企业内、外部环境的变化，及时进行修改和完善。

（三）企业财务风险的类型

在不同的理财环境和理财阶段，针对不同的财务管理目标、财务主体和客体，企业财务风险存在差异，形成不同的财务风险类型。在财务管理活动中，对企业财务风险实行分类，有利于了解不同财务风险的内容和本质，剖析各种财务风险的内在联系和运动规律，进而对企业的财务风险采取有效的预防、监测和调控措施。企业财务风险按不同标准分为以下几种类型。

1.按理财主体的性质不同分类

（1）所有者财务风险

在所有权和经营权相分离的情况下，企业所有者为了保证其资产的保值和增值，必然通过一定的委托代理关系对企业资本实施间接控制。由于代理人"道德风险"和"逆向选择"的存在，所有者出资的未来收益存在很大的不确定性，所有者财务风险因此产生。显然，对于企业所有者来说，财务风险是指其投入资本的保值增值所面临的不确定性，其中保值是最低目标，增值是根本动机。

一般而言，所有者财务风险具有以下特征。①终极承受性。企业是众多利益相关者的契约结合体，其中，所有者与经营者之间的委托代理关系是各种委托代理关系的起点，作为出资人的所有者是企业所有财务风险的终极承受者。②间接控制性。以所有权和经营权相分离为特征的现代企业制度，弱化了企业所有者直接控制企业的能力，主要利用法律规范和制度性手段实现对企业财务风险的控制。

（2）经营者财务风险

经营者财务风险是指经营管理者在企业日常经营和财务决策过程中，因外部经营环境和条件的不确定性，引致的实际结果与预期财务目标之间的差异。

通常，经营者财务风险具有以下特征。①复杂性。企业是一系列委托代理关系的集合体，经营管理者在实现企业价值最大化的财务管理目标的过程中，不仅需要考虑所有者和经营者自身的利益，还要权衡债权人、供应商、客户、员工、各级政府部门和社会公众等利益相关者的利益，错综复杂的利益关系使经营者面临的财务风险更加复杂。②双重性。就企业的财务决策而言，在很多情况下，企业的经营管理者既是财务决策的执行者，又是财务决策的制定者。因此，经营管理者的双重身份必然使其面临的财务风险具有双重特征。③直接控制性。在所有权和经营权相分离的条件下，企业经营管理者能够通过相应的管理措施和手段预防和控制企业日常经营过程中所面临的财务风险。

2.按财务管理决策的不同分类

（1）筹资决策风险

筹资决策风险是指企业因筹资活动而引起的未来收益不确定性、到期不能偿付债务本息和支付投资者必要报酬的风险。筹资决策风险是企业所有财务风险的起点。它由筹资决策环境的不确定性、筹资决策技术的不确定性和筹资方式的不确定性等因素所引起。具体表现形式为由债务规模过大、利率过高导致筹资成本费用过高，而引起的财务风险，由债务期限结构不合理导致的债务过分集中偿付风险，由筹资方式不合理导致的财务风险。

（2）投资决策风险

投资决策风险是指企业投资活动的不确定性给企业带来的未来无法取得期望报酬的可能性。它主要由投资环境的不确定性、投资决策者能力的差异性、投资决策技术的科学性等因素所引起。具体表现为投资项目规划过大，企业无力控制和管理；投资项目在工艺技术上不可行或滞后，导致企业产品滞销。

（3）营运资金管理风险

营运资金管理风险是指在企业生产经营过程中因生产经营活动的不确定

性而出现的无法销售产品、无法收回垫支流动资金的可能性。它主要由产品生产决策的科学性、生产过程控制的有效性、销售环境的复杂性和多变性，以及销售政策与信用政策的适用性等因素所引起。具体表现为营运资金的消耗风险、营运资金的产出风险和营运资金回收的信用风险等。

（4）收益分配决策风险

收益分配决策风险是指收益分配决策的不确定性给企业未来的生产经营活动带来波动的可能性。它主要由收益分配的数量、收益分配的时机和收益分配的方式等因素所引起。具体表现为现金股利支付过度、股票股利支付比例过大等。

3.按财务内容的不同分类

（1）负债风险

就负债企业来说，不能按时偿还到期债务是负债经营隐含的最大风险。这种风险既包括不能及时偿还到期债务本金和利息的风险，也包括企业因偏离最佳资本结构而造成的融资性风险。

（2）支付能力风险

企业的现金流量难以满足其必要经营性支出和投资性支出项目的风险，亦称为现金流量风险。在发达的市场经济体制中，经常有一些产品科技含量高、发展前景好的中小企业，因为支付能力欠缺而面临破产、倒闭的危险。

（3）信用风险

信用风险是企业交易双方不能或不愿履行合同约定的条款而出现损失的可能性。现代市场经济也称为信用经济，各个企业的生产经营活动依赖整个信用体系的建立和完善。企业的生产经营活动必然会发生一系列的信用行为，当企业的客户出现信用危机时，也就必然会给企业带来信用风险。信用风险的大小主要取决于企业交易双方的财务状况和信用状况。

（4）利率风险

利率风险指因利率的波动而导致的企业收入（支出）的利息低（高）于预期值的可能性。随着我国金融体制改革的不断深入，利率市场化以后，利率波动愈加频繁、波动幅度更大，这将严重影响企业的收益和支出。利率上升引起企业支出成本的上升及资产价值的下降，如债务融资成本的提高和固定收益证券资产的价值下降等。

（5）外汇风险

外汇风险亦称货币风险，是指企业因汇率变化而蒙受的损失以及将丧失所期待的利益的可能性。其主要表现形式有外汇交易风险、外汇结算风险和外汇折算风险。

4.按影响范围的不同分类

（1）战略性财务风险

战略性财务风险是指对企业的长期性经营和竞争性战略产生影响的综合性财务风险，通常可以从企业所依赖的市场中表现出来。企业往往利用战略性综合管理系统，对其面临的一系列深远的、长期的风险因素加以控制。

（2）整体性财务风险

整体性财务风险是指企业整体面临的、可能在较长一段时间内对企业整体造成损害的财务风险，如汇率风险和利率风险等。

（3）部门性财务风险

部门性财务风险是指企业内部不同部门所面临的财务风险。这些财务风险造成的直接损失主要表现在特定部门的内部，基本上没有波及其他部门。

5.按财务活动频率的不同分类

（1）普通时期财务风险

普通时期财务风险是指企业的日常财务活动所涉及的财务风险，包括筹资活动风险、投资活动风险、收益分配风险等。

（2）特殊时期财务风险

特殊时期财务风险是指企业在进行重大的财务活动的时候产生的财务风险，如并购风险、破产与清算风险等。

这样划分的目的是为企业规避财务风险、进行制度化和程序化管理奠定基础。对于普通时期的财务风险，应该从完善公司的治理机制入手；对于特殊时期的财务风险，往往需要企业管理层的重点关照。

6.按表现层次的不同分类

（1）轻微财务风险

轻微财务风险是指那些对企业造成的损失较小、后果不明显，不对其生产经营活动构成重要影响的财务风险。这类财务风险一般情况下无碍大局，仅对企业构成局部和较小的伤害。

（2）一般财务风险

一般财务风险是指那些对企业造成的损失适中、后果明显但是不构成致命性威胁的财务风险。这类财务风险的直接后果是使企业遭受一定程度的损失，并可能对企业的日常经营活动的某些方面影响时间较长。

（3）重大财务风险

重大财务风险是指那些对企业造成的损失较大、后果较为严重的财务风险。这类财务风险的直接后果是企业出现重大损失，并威胁到企业的生存发展。

这种类型的划分并不是绝对的和静止的，它们之间在一定的条件下、经过一定时期的积累，会发生质的变化，并相互转化。

七、企业财务管理信息化

信息技术的快速发展，使人类进入了信息时代，随着电子商务、网络经济的不断发展，信息传递更加快捷，市场竞争由此变得更加激烈。在这种情况下，谁能有效利用信息技术，全面加强管理，最快获得有效信息，并快速做出有效反应，谁就能在网络社会的激烈竞争中占得先机。同时，现阶段，财务管理中存在信息分散、信息失真、信息滞后、信息重复、资金管理混乱、财务监控乏力等问题。针对这种情况，推进企业财务管理信息化，无论是对企业的财务控制工作，还是提高企业的竞争力，都具有积极的现实意义。

（一）企业财务管理信息化的特点

企业财务管理信息化是指企业以业务流程重构为基础，在一定的深度和广度上利用计算机技术、网络技术和数据库技术，形成现代财务管理与现代信息技术的整合，并建立开放的财务管理信息系统，集中控制和集成化管理企业财务活动信息，进而为企业提供预测、决策、控制和分析手段，实现企业内外部财务管理信息的共享和有效利用，最终提高企业的经济效益和市场竞争力。

财务管理信息化比会计电算化和会计信息化范围更广，其将会计和财务工作统一规划，将管理上升到决策支持的层次，强调与企业其他系统的整合，为实现企业信息化服务。财务管理信息化是在特定的环境下产生的一种全新的财务管理方式，它具有自己的特点。

1.实现物流、资金流、信息流同步化

财务管理信息化在信息技术的支持下，采取经济业务事件驱动会计模式，由生产经营活动直接产生财务数据，保证生产经营活动与财务数据相一致，并通过资金流动状况反映物料流动和企业生产经营情况，实时分析企业的成本和利润，提供决策所需要的信息，从而实现物流、资金流、信息流同步产生。

2.财务管理集成化

财务管理集成化是指基于企业内部网络和信息系统，从科学及时决策和最优控制的高度，将信息作为战略资源加以开发和利用，并根据战略的需要把诸多现代科学管理方法和手段有机集成，实现企业内财务人员、资金、信息等的综合优化管理。

3.财务组织弹性化

财务管理组织不再是以前传统的垂直式组织结构，而是根据实际管理的需求，将管理中心下移，减少环节，降低成本，建立扁平化、网络化的财务组织，加强组织横向联系，使企业不仅上下流通无阻，横向交流也顺畅，从而达到及时反馈财务信息，有利于企业财务预测、财务决策、财务分析及财务控制。

4.财务资源供应链化

在信息时代，企业为了适应激烈的竞争，由单个企业间的竞争转变为供应链的竞争。这些供应链企业之间存在密切的关系，因此在进行财务管理时，应该考虑到这个因素——财务管理的资源不能仅限于本企业，还应该站在供应链的角度进行财务决策。

5.财务管理人本化

信息社会中企业内部和外部的信息网的建立，大大降低了企业获取有形资源的信息成本，使资金和其他生产资料相对丰裕，不再是稀缺的了。与此同时，信息人才成为十分"稀缺"的资源，相应的其管理的重点也由物的管理转向人的管理，其本质是对信息人才的管理，特别是注重人力资源的开发，真正做到人尽其才。财务管理中采用"人本化"理念，更加具有"人情味"。

6.财务与会计分工模糊化

在传统组织中，财务工作完全按照部门划分，各部门之间经常发生摩擦。20世纪80年代初期，我国会计理论界就会计和财务管理"谁包括谁"的问题，进行过大量的讨论，持"大会计观"与"大财务观"的学者各持己见、争执不休。实施财务管理信息化后，在信息技术的支持下，通过业务流程重组，财务组织与会计组织之间的界限变得模糊，甚至可以跨越各自的界限。

（二）财务管理信息化的内容

财务管理信息化的实现主要依靠若干个信息系统的集成。一般来说，财务管理信息化应该包括会计事务处理信息系统、财务管理信息系统、财务决策支持系统、财务经理信息系统以及组织互联信息系统五个部分。其中，会计事务处理信息系统的作用是提供精确、及时的信息，提高财务工作效率和成功率；财务管理信息系统、财务决策支持系统和财务经理信息系统主要从不同的角度、不同的层次解决财务管理中的计划、控制、决策等问题；组织互联信息系统主要解决企业内部组织之间以及企业与关联企业之间的信息传输问题。这些系统的成功建立以及相互之间的集成管理是财务管理信息化成功的体现，它们之间的关系密不可分。

1.会计事务处理信息系统

当企业产生经济业务时，会计事务处理信息系统就会对其进行处理并将相关信息存储到数据库中，财务管理的各个部门、各个员工都能以某种形式或方式对信息进行访问。一个会计事务处理信息系统通常由多个不同功能的子系统组成，每个子系统通过组织互联信息系统完成特定的会计数据处理。各子系统之间互相传递信息，共同完成一个既定的系统目标。会计的基本职能是反馈、监督，因此会计事务信息处理系统通常分为会计核算信息子系统、会计管理信息子系统。其中，每个子系统可根据会计业务的范围继续分为若干个子系统或功能模块。

2.财务管理信息系统

从财务管理的具体内容来看，财务管理中的一部分问题，属于结构化的问题，它们具有固定的处理模式，具有一定的规范性。对于这一类问题，需要建立财务管理信息系统来解决。

财务管理信息系统是一种新型的人机财务管理系统，它以现代化计算机技术和信息处理技术为手段，以财务管理提供的模型为基本方法，以会计信息系统及其他企业管理系统提供的数据为主要依据，对企业财务管理的结构化问题进行自动或半自动的实时处理。财务管理信息系统的主要目标是概括发生的事情，并把人们引向存在的问题。例如，对于产品库存的管理，财务管理信息系统可以提供需要补充的产品库存日报表，以提醒财务人员需订购更多的产品。

3.财务决策支持系统

财务管理中的大部分问题都属于半结构化或非结构化问题，难以事前准确预测，且各种问题以及解决问题的方法是随环境的变化而变化的，对这些半结构化和非结构化问题，则需要建立财务决策支持系统来解决。财务决策支持系统是一种非常灵活的交互式信息技术系统，可以用它来辅助人们对半结构化或非结构化问题进行决策。一般来说，财务决策支持系统通过运用不同的模型、列举可能的方案、协助分析问题、估计各种不确定方案的结果、预测未来状况等方式，为企业决策者制定正确科学的经营决策提供帮助。

4.财务经理信息系统

这种系统是一种将会计事务处理系统、财务管理信息系统、财务决策支持系统高度结合的交互式信息系统。它能帮助财务经理识别并提出问题，通过将辅助背景材料与现实情况相结合，使企业的财务主管更加灵活、方便地从更多视角发现、了解问题。通过财务经理信息系统，财务主管可以充分利用企业数据仓库，对数据进行挖掘，而且可以对财务报告的输出形式进行灵活选择，以发现更加明确和更具深度的信息。

5.组织互联信息系统

组织互联信息系统可以使企业的财务部门与其他部门、本企业与其他关联企业之间的财务信息自动流动，用以支持企业财务管理的计划、组织、控制、分析、预测、决策等环节，以支持企业的管理与生产。

（三）实现财务管理信息化的思路

财务管理信息化的最终目标是建立开放的财务管理信息系统，并最终融入企业管理信息系统的其他子系统和社会大系统。因此，应采取措施实现财务管理信息化。

1.采取协同集中管理的思路，建立网络财务集中管理模式

财务管理信息化的基本思想就是协同集中管理，在这种财务管理模式下，企业设置一个中心数据库，使企业内部各个职能部门的子系统与中心数据库相连。当采购系统、生产系统和销售系统有物资流发生时，中心数据库通过内联网自动收集物资流信息并将其传递给财务信息系统，财务信息系统经过动态核算，把处理过的财务信息传输回中心数据库，从而使决策系统和监控系统随时调用中心数据库的信息进行决策分析和预算控制。这样，整个企业的经营活动全部纳入信息化管理，各部门之间协作监督，解决了信息"孤岛"问题。在企业外部，通过外联网或互联网，企业与其成员组织建立起密切联系，以及时了解资本市场、采购市场、销售市场的动态，做出及时的反馈。这种协同集中的

网络财务管理模式能使管理者对动态信息进行及时准确的分析，从而提高决策的有效性；同时，还能实时监控企业的生产经营情况和外部环境的变化，以应对网络环境下多变的市场环境。

2.基于企业业务流程重构的思想构建网络财务管理系统

基于企业业务流程重构思想构建网络财务管理系统的基本思路是从市场竞争的全局出发，通过对产业价值链和企业内部价值链的分析，以提高竞争优势、满足顾客需要、实现工作流程的畅通为目的，重构企业的流程运营模式和组织结构，在此基础上再分析运营中的信息需求和信息流动过程，构建支持流程运营的网络财务管理系统。

对产业价值链的分析，是站在整个产业角度来分析产业价值链，以实现产业工作流程畅通和整个产业利润最大化为目的，寻找理想的合作伙伴。同时，分析产业价值链还可以明确企业在产业链中的功能和位置，以及企业是如何实现价值增值的，从而明确企业的发展战略。

内部价值链分析是通过分析企业各种业务活动的流程，确定能直接为企业创造价值或能为其提供必要支持的核心流程。分析流程现状的成本、费用和收益，找出流程中的不合理之处，运用企业流程再造理论中的流程优化原则，重构畅通有效的业务流程。分析重构后核心流程中各个环节的信息需求和信息流动过程，选用合适的信息技术合理划分各个分系统，如研究开发系统、生产计划系统、销售计划系统、成本库存系统、销后服务系统等。

运用企业业务流程重构思想构建的网络财务系统打破了职能部门的界限，优化了运营过程和业务处理流程，极大地提高了工作效率，改善了经营管理，有利于实现企业财务与业务一体化以及对资金的动态控制。

3.实现财务信息的市场化

财务信息市场化是指通过实现企业内部各部门、企业同外部之间的财务信息实时交换与共享，真正达到开放管理信息系统的目的。实现财务信息市场化的步骤如下。

首先，在互联网上设计一个兼容性极强的专业网站或财务信息交换中心。

因为要使不同的财务软件做到完全统一、标准完全一致是不现实的，也是不可能的，所以专业网站或财务信息交换中心的设计必须具备较强的兼容性，应建立一个全国性的公司财务数据库，能够接受、传递甚至处理来自不同财务软件的财务资料信息。

其次，设计标准数据接口。数据接口是电脑终端和互联网相互衔接的枢纽，是电脑终端将财务信息传递到网络上的窗口，同时也是通过电脑终端下载财务信息的门户。为了消除互联网上财务信息的无序和混乱现象，应该建立标准化数据接口，规定统一的数据输入、输出格式，将财务信息以标准化的格式传递到网络上，进而对其进行组合、编辑，最终产生满足使用者需要的财务信息。

最后，采用大众传播报告模式。大众传播报告模式可以分阶段进行，第一阶段主要是各公司将传统的通用财务报告上传到专业网站（或财务信息交换中心），有的公司可能仅允许部分用户查询其明细信息。第二阶段是各公司将明细或综合信息上传到互联网，先实现定期报告，后实现实时报告。随着公司内部网和外部网的建设和企业全面信息化的实现，以及网络财务软件功能的完善，最终将实现财务信息网络化和财务信息市场化，从而使企业内部各部门、企业同外部之间的财务信息实现实时交换与共享。

八、企业税务筹划

（一）企业税务筹划的原则与方法

企业税务筹划是一种通过合理合法的方式降低企业税负的管理活动。在进行税务筹划时，企业需要遵循一定的原则和方法，以确保筹划活动的合法性和有效性。

1.税务筹划的原则

（1）依法进行筹划。企业在进行税务筹划时，必须遵守国家的相关法律、法规和政策。这包括税收、财务、会计、金融、企业管理等方面的法律、法规和政策。

（2）符合税收政策目的。税务筹划应当符合国家税收政策的总体目标，旨在促进企业发展、优化资源配置等。

（3）合理节税。企业在进行税务筹划时，应通过合法、合理的手段减轻税负，而不是通过违法、违规的手段逃避税收。

（4）整体性原则。税务筹划应考虑企业的整体利益，而非局部利益。企业应充分了解和分析自身的税收状况，制订合理的税务筹划方案。

2.税务筹划的方法

（1）利用税收优惠政策。企业可以关注国家出台的各项税收优惠政策，如高新技术企业享受税收优惠、研发费用加计扣除等，合理利用这些政策减轻税负。

（2）合理选择税收筹划对象。企业应根据自身的税收状况，选择对决策有重大影响的税收作为税务筹划的重点，或者选择税负较重的税收作为筹划的重点。

（3）调整计税方法。企业可以合理选择计税方法，以减轻税负。例如，企业可以选择简易计税方法，降低增值税。

（4）利用税收协定。企业可以充分利用国际税收协定，减轻跨国贸易和投资的税收负担。

（5）合理安排生产经营场所。企业可以根据税收政策和地理位置的优势，合理安排生产经营场所，以降低税收成本。

（二）企业税务筹划的方式

1.事前税务筹划

事前税务筹划是指在一切经济活动开展前进行的税务筹划。事前税务筹划在企业税务筹划中具有重要作用，要求企业对即将开展的各类投资活动进行分析。企业在进行事前税务筹划时，应当从以下三方面着手：

首先，对企业当前的发展情况以及业务开展情况进行掌握，如投资情况、资金构成等，同时还要准确把握企业当前的纳税情况，为企业后续税务筹划工作的开展提供真实且有效的信息。其次，了解企业当前不必要的税务种类。例如，在企业经营中印花税普遍存在，但印花税的税务额度较小，很难引起财务人员的关注，有时会给企业带来税务浪费。因此，在税务筹划过程中，需要加大筹划力度，减少企业所得税，尽量降低企业出现责任风险的概率。最后，动态掌握当前最新的税收优惠政策，并结合企业发展实际状况将最新的税收优惠政策用到实处，减轻企业税务压力。

2.事中税务筹划

企业在发展中会根据行业发展变化，对现有的税务管理工作进行调整，在调整过程中，必然会涉及与业务相关的内容，这时就需要进行事中税务筹划。事中税务筹划是指对事前税务筹划中存在的问题或者在经营中产生的新问题进行分析解决，避免企业承受过重的税务压力。在事中税务筹划中，成本筹划是核心内容，其主要对企业经营发展中的成本进行合理规划与安排，以降低企业经营发展成本。

（三）企业税务筹划风险应对

1.企业面临的税务风险

（1）政策风险

在社会经济不断发展的今天，只有不断完善我国税收法律法规建设，及时、灵活地调整相关税收政策，才能更好地满足企业发展的需要。因此，与税收相关的法律法规会随着经济形势的变化不断改变。在税务筹划过程中，相关企业管理人员和纳税人员无法完全准确地预测国家法律法规的变化，且由于税收法规不具备长期性，相关法律法规政策从制定到实施，往往需要一定的时间，而在法律法规发生变化的时期，原有的税务筹划活动以及相关方案会无法发挥应有的作用。

（2）操作风险

企业税务筹划过程中，不仅需要相关工作人员具备专业技术能力，还需要有准确的财政数据作为支持。当前阶段，尽管企业管理人员已经注意到税务筹划相关工作的重要价值，但部分人员由于基础专业知识、能力水平有限，对相关税收法律法规不够了解，无法顺利开展相关工作。同时，税务相关法律法规内容具有多元化的特点，层次较多，不同层次之间的法律法规内容在共同使用时难免出现一定的冲突，这也导致税务筹划风险居高不下，相关管理部门应采用合理的方式去调整。

（3）经营风险

在社会经济不断发展的大背景下，全球化趋势势不可当，部分企业在生产经营过程中存在一定的风险。税务筹划方案需要以企业所处的经营环境以及相关财政数据为依据来进行设计，而税务筹划所呈现出的效果对企业经营环境具有一定的影响，只有更加科学、合理地制订税务筹划方案，采取有效的措施规避税务筹划风险，才能够更好地发挥税务筹划方案的作用。税务筹划具备一定的预测性特点，在企业生产经营过程中，为了能够更好地发挥税务筹划的作用，需要确保企业生产经营的科学性与合理性。然而在实际操作过程中，企业的生产经营活动会受到外界环境和内部环境的影响。从这一方面来说，企业经营活动具有一定的不稳定性。税务筹划往往受到企业经营发展的影响，在企业经营发展过程中，若尚未达到税务筹划的预期，就会在很大程度上削弱税务筹划的作用，导致税务筹划难以发挥其提高企业经济效益的作用。

2.企业税务筹划风险的应对措施

（1）增强风险防范意识

为了更好地促进企业平稳发展，在新形势下有效应对企业税务筹划风险，企业管理层需要在扩大生产时增强风险防范意识，从宏观的角度看企业应严格监控税务风险相关内容的变化情况，在发展中不断优化风险防控方案，完善相关风险防范机制。首先，在制定风险防控相关措施前，要充分了解企业在市场中所处的位置，全面分析企业生产经营过程中的优势、劣势，根据企业自身实际经营状况来策划税务筹划方案。其次，企业可以采取提高税务筹划管理人员知识技能水平的方式，来帮助税务筹划工作人员加深对相关法律法规的理解，只有熟悉税务法律法规相关内容，才能够更好地帮助企业规避税务筹划风险，使企业经济效益最大化。

（2）提高税务筹划的灵活性

对企业而言，提高税务筹划的灵活性是十分重要的，不仅能够让企业在开展相关工作的过程中规避风险，还能够保证企业获得较好的经济效益。在税务筹划工作中，需要以国家政策中相关法律法规内容为依据，确保税务工作安排规范、合理，工作内容符合企业发展实际情况。参与制定筹划内容的工作人员，需要全面了解相关法律法规及政策内容，以便采取的税务筹划风险防控措施符合相关规章制度的规定。在开展相关事务的过程中，要采取有效措施对税务筹划风险进行评估与控制，避免税务筹划风险给企业带来的经济损失。因此，有效提高税务筹划的灵活性，能够更好地调整税务筹划风险防控措施，保证企业的正常运行。与此同时，企业财政部门相关人员要时刻关注税务法律法规信息以及政策内容，以便于根据相关内容及时优化风险防控措施，真正做到有效控制风险。

（3）提高税务筹划人员的综合素养

在企业税务筹划过程中，只有企业全体员工都充分意识到税务筹划的重要作用，才能够在税务筹划方案制订过程中更好地规避税务风险，对税务风险进行有效的监控，保障企业税务管理以及风险防控的时效性。因此，企业需要定期组织相关工作人员开展学习，不断增强员工的税务筹划风险防范意识。同时，相关部门的管理人员和财务人员也需要和企业各个部门以及相关税务部门进行有效的交流沟通，及时了解相关信息，不断强化风险防范能力。为了让企业税务筹划方案更加规范准确，企业要有效提高财务工作人员的综合素养以及专业技术能力。在税务筹划管理人员经过一定时间的学习后，要定期对其进行考查，以便于相关工作的执行效果更加显著。

（4）健全内部监控机制，运用筹划工具控制风险

企业在制订税务筹划方案的过程中，要建立健全税务风险内部管理机制，通过完善监督制度来确保企业能够有效防控税务筹划风险，以便于更好地实现

企业持续发展、健康发展的目标。企业要以自身经营情况以及长期发展战略目标为基础，不断加强对相关审计人员的职责划分与合理配置，采取有效措施，建立健全税务筹划风险内部监督管理机制，以更好地掌握企业发展状况，保障财务数据的准确性。

第三节　行政事业单位财务管理
与企业财务管理的比较分析

行政事业单位财务管理与企业财务管理在某些方面存在联系，但在某些方面也存在区别。行政事业单位和企业的财务管理都是为了有效地管理和使用资金，保证资金的安全和合规。二者都需要制定详细的财务计划和预算，进行资金的筹集、使用和监督，并对财务状况进行分析和评价。此外，行政事业单位和企业财务管理都涉及税务、审计等方面的内容，需要遵守相关法律法规。然而，行政事业单位财务管理与企业财务管理在某些方面也有所区别。

首先，二者的管理对象不同。行政事业单位财务管理主要针对公共资源，涉及政府资金、公共基金等；而企业财务管理主要针对企业内部资源，涉及企业资金、投资、成本等方面。

其次，二者的管理目标不同。行政事业单位财务管理旨在保障公共资源的合理使用和公共利益的最大化；而企业财务管理旨在实现企业利润最大化，同时保障企业资金的安全和合规。

再次，二者的管理方式不同。行政事业单位财务管理通常较为注重预算管理和政府监管，强调资金的公共性和公益性；而企业财务管理则较为注重市场规律和财务管理策略，强调资金的盈利性和效益性。

最后，二者的财务风险不同。行政事业单位财务风险主要来源于预算执行不力、监管不到位等方面；而企业财务风险主要来源于市场竞争、经营决策失误等方面。

总之，行政事业单位财务管理与企业财务管理在管理对象、管理目标、管理方式和财务风险等方面具有一定的区别。然而，二者在资金管理、预算控制、税务处理等方面仍然存在共通之处，可以相互借鉴和学习。

一、行政事业单位财务管理与企业财务管理的目标比较

行政事业单位财务管理的目标是保证行政事业单位的资金安全，促进资金的有效使用，实现行政事业单位的财务收支平衡。企业财务管理的目标是实现企业利润最大化，促进企业的发展。下面我们来具体比较一下二者的目标。

首先，行政事业单位财务管理的目标是保证行政事业单位的资金安全。这意味着行政事业单位的财务管理者需要密切关注单位的财务状况，确保单位的资金不被滥用。此外，行政事业单位财务管理还需要遵循国家有关法律、法规和财务规章制度，保证单位的财务活动合法合规。

其次，行政事业单位财务管理的目标是促进资金的有效使用。这意味着行政事业单位的财务管理者需要合理配置单位的资金，确保资金用于有价值的投资和支出，为单位的发展提供支持。此外，行政事业单位财务管理还需要注重资金使用效益，通过合理的财务分析和预测，为单位的发展提供有效的决策依据。

最后，行政事业单位财务管理的目标是实现财务收支平衡。这意味着行政事业单位的财务管理者需要密切关注单位的财务收入和支出情况，确保单位的财务活动能够实现自给自足。此外，行政事业单位财务管理还需要注重资金的筹集和管理，为单位的发展提供稳定的资金来源。

总之，行政事业单位财务管理与企业财务管理的目标有所不同。行政事业

单位财务管理更注重资金的安全性、有效性和收支平衡，而企业财务管理则更注重实现利润最大化和促进企业发展。然而，无论是行政事业单位还是企业单位，财务管理都是其发展的重要组成部分，需要得到充分重视。

二、行政事业单位财务管理与企业财务管理的原则比较

行政事业单位财务管理是指对行政事业单位的财务活动进行计划、组织、协调和控制的过程。而企业财务管理是指对企业单位的财务活动进行计划、组织、协调和控制的过程。虽然二者都与财务活动有关，但在管理原则上有很大区别。接下来将对行政事业单位财务管理与企业财务管理的原则进行比较。

（一）行政事业单位财务管理原则

（1）执行国家有关法律、法规和财务规章制度。行政事业单位财务管理必须遵守国家有关法律、法规和财务规章制度，保证财务活动的合法性和规范性。

（2）坚持勤俭办事业的方针。行政事业单位财务管理要注重节俭，反对铺张浪费，保证资金的合理使用。

（3）正确处理事业发展需要和资金供给的关系，社会效益和经济效益的关系，国家、单位和个人三者利益的关系。行政事业单位财务管理要在满足事业发展需要的基础上，兼顾资金供给、社会效益和经济效益，保证各方面的利益得到平衡。

（二）企业财务管理原则

（1）追求利润最大化。企业财务管理以追求利润最大化为目标，通过合理配置资源、优化决策和有效控制，实现企业价值最大化。

（2）追求股东财富最大化。企业财务管理要关注股东财富的增长，通过提高企业的经营效益、增强企业的竞争力和实现企业的可持续发展，为股东创造

更多的财富。

（3）坚持成本效益原则。企业财务管理要在成本和效益之间进行权衡，力求实现成本最低、效益最大化。

总之，行政事业单位财务管理与企业财务管理在管理原则上有明显的区别。行政事业单位财务管理注重遵守法规、节俭办事业、平衡各方利益；而企业财务管理则追求利润最大化、股东财富最大化，坚持成本效益。

三、行政事业单位财务管理与企业财务管理的决策比较

行政事业单位财务管理是指政府机构、行政事业单位等公共部门对其财务活动进行计划、组织、协调和控制的过程。而企业财务管理是指企业对其财务活动进行有效管理，以实现企业价值最大化的过程。二者在决策方面存在一定的差异，具体表现在以下几个方面。

（一）决策目标

行政事业单位财务管理的决策目标主要是确保公共资源的合理配置，实现社会效益最大化，重视预算执行和财务合规。而企业财务管理的决策目标主要是实现企业价值最大化，关注市场竞争力和盈利能力，追求企业长期稳定发展。

（二）决策依据

行政事业单位财务管理的决策依据主要是国家相关法律法规、政策及财务制度，遵循政府预算管理和财务管理规定。而企业财务管理的决策依据主要是市场规律、企业战略和内部控制制度，以市场竞争和法律法规为基本遵循。

（三）决策过程

行政事业单位财务管理的决策过程相对较为简单，一般为预算编制、预算

执行和财务决算等环节。而企业财务管理的决策过程较为复杂，涉及投资决策、融资决策、成本控制、收益分析等方面，需要进行综合评估和权衡。

（四）决策者角色

行政事业单位财务管理的决策者角色主要是政府部门和行政事业单位负责人，由其负责制定财务政策、编制预算和审批支出等。而企业财务管理的决策者角色主要是企业负责人和财务部门，需要根据市场环境和企业发展状况，制定相应的财务策略和措施。

总之，行政事业单位财务管理与企业财务管理在决策方面存在一定的差异。行政事业单位财务管理更注重公共资源的合理配置和社会效益，而企业财务管理更注重市场竞争力和盈利能力。在实际运作中，二者应根据自身特点和需求，进行合理决策，以实现各自目标。

四、行政事业单位与企业财务风险管理比较

行政事业单位与企业在财务风险管理方面存在一定的差异。接下来，我们将从以下几个方面对两者的财务风险管理进行比较。

（一）风险管理意识方面

企业特别注重财务风险管理，因为企业的财务风险管理水平直接关系到企业的经济效益和市场竞争力。所以，企业财务管理人员通常具有较强的风险意识，能够及时识别和应对风险。相比之下，行政事业单位财务管理人员有时会忽视风险管理的重要性，缺乏风险防范意识，这给行政事业单位的财务管理带来了较大的隐患。

（二）风险管理制度方面

企业通常具有较为完善的财务风险管理制度，涉及风险识别、评估、控制、监督等环节。企业会根据自身的实际情况，制定相应的风险应对策略，以减少风险带来的损失。而行政事业单位在风险管理制度方面相对薄弱，缺乏系统性和有针对性的风险管理措施，导致在风险来临时难以有效应对。

（三）风险管理手段方面

企业的财务风险管理手段较为先进，可以运用现代信息技术、金融工具等进行风险管理。例如，企业可以利用保险、期货、期权等金融衍生品进行风险管理，降低风险。而行政事业单位在风险管理手段方面相对落后，缺乏有效的风险管理工具。

（四）风险管理效果方面

由于企业在财务风险管理意识、制度、手段方面较为完善，因此其在面临风险时能够快速响应，降低损失。而行政事业单位在财务风险管理方面较为不足，可能造成较大的财务损失。

总之，行政事业单位与企业在财务风险管理方面存在较大差异。为了提高行政事业单位的风险管理能力，其应完善风险管理制度，引进先进的风险管理手段，对财务管理人员进行风险意识培训，以提高财务管理整体水平。

五、行政事业单位财务管理与企业财务管理的数字化转型比较

主要从以下几个方面对行政事业单位财务管理和企业财务管理的数字化转型进行比较。

（一）数字化转型的必要性

行政事业单位和企业都认识到数字化转型对于提高财务管理效率和质量的重要性，因为数字化技术能够加快信息处理和传递速度，提高信息分析能力和响应速度。

（二）数字化转型的途径

行政事业单位和企业都通过引入数字化技术、建立数字化平台、优化数字化流程等方式实现数字化转型。例如，行政事业单位引入了财务核算系统、预算管理系统等，企业则建立了企业资源计划系统、供应链管理系统等。

（三）数字化转型的成果

行政事业单位和企业数字化转型的成果包括提高信息处理能力、实现财务管理规范化、提升决策支持能力等。例如，行政事业单位通过数字化转型提高了财务信息统计等管理决策活动的效率和精准性。企业则通过数字化转型实现了财务管理的精细化和规范化，提高了企业的竞争力。

（四）数字化转型的挑战

行政事业单位和企业都面临着数字化转型的挑战，如技术更新换代、数据安全问题、人员素质不高等。需要采取措施加强数字化转型过程中的风险管理，提高人员素质和技能水平，保障数据安全和隐私。

总之，行政事业单位财务管理和企业财务管理的数字化转型都取得了重要进展，但是还需要进一步加强数字化转型过程中的风险管理，提升数字化技术水平，完善制度建设，提高人员素质及其技能水平，保障数据安全。

第四节 行政事业单位财务管理 与企业财务管理的改进与创新

一、行政事业单位财务管理与企业财务管理的问题

（一）行政事业单位财务管理面临的问题

1.财务管理意识不全面

部分行政事业单位领导在当前阶段对财务管理工作关注度不足，在这种情况下，行政事业单位其他部门对财务管理工作的看法也出现了一定的偏差。虽然部分行政事业单位树立起了财务管理意识，但并不全面，很难为财务管理工作的有效落实提供更加有力的支持。

2.财务管理制度不完善

财务管理是行政事业单位的重要工作内容，行政事业单位在工作落实过程中需要严格遵守国家在财务管理方面给出的相关标准要求。但部分行政事业单位的财务管理制度并不完善，导致财务管理的作用受到了一定限制。财务管理制度中，存在对预算编制和财务数据信息收集这两个工作环节重视程度不够的情况。在这种财务管理制度下，行政事业单位财务管理的有效性很难发挥出来，可能对单位的后续发展造成负面影响。

3.信息化建设滞后

行政事业单位虽然看到了当前我国信息化技术的发展及其对单位运营的影响，但受到内部资金、单位信息化建设时间等因素的影响，当前阶段行政事业单位的信息化建设与财务管理工作的现实需求存在巨大差异。高质量的信息化建设能够帮助行政事业单位实现财务管理能力的稳步提升，并尽量控制财务

管理工作中人力资源的投入，以将这部分成本投入分散到其他方面，实现行政事业单位整体运营情况的优化。但就目前行政事业单位的信息化建设情况来看，还存在部门间信息化管理系统相互独立、不同系统间数据标准存在明显差异等问题。

4.监督考核机制不健全

目前，我国行政事业单位已经逐步意识到了财务管理工作的重要价值，在该部分工作的实际落实过程中也进行了相应监督，期望通过这种方式尽量保证财务管理工作的有效性。但由于行政事业单位监督考核机制的不健全，当前行政事业单位财务管理工作并未得到有效监督，这对行政事业单位财务管理工作的有效落实造成了负面影响。

5.固定资产管理工作有待优化

行政事业单位在固定资产管理方面出现问题的概率较高，这是影响行政事业单位财务管理工作有效性的重要原因之一。行政事业单位固定资产管理工作中常见的问题有因操作不当而对设备器械造成的损害、房产等固定资产的养护不足等，这些问题影响了行政事业单位固定资产的使用寿命和价值。同时，在固定资产处理方面也存在一定问题，如处理报废设备、器械不规范，这也会影响固定资产的价值。

6.缺乏财务管理人才

虽然行政事业单位中的财务管理人员均经过多次选拔，但仍有部分人员难以适应我国当前社会发展的需要。这部分财务管理人员虽然投入大量精力到工作中，并积累了大量工作经验，但在面临一些新问题时仍然感到力不从心。例如，自身专业能力水平与当前财务管理的发展水平存在明显差异，未能掌握当前我国市场环境下的先进财务管理理论和方法。

（二）企业财务管理面临的问题

1.预算与战略相分离

在财务预算管理方面，一些企业尽管制定了详细的全面预算管理方案，却未能对资金管理进行科学布局和规划，造成预算与企业发展战略目标相分离。企业各项业务需要足够资金支持，需要制订科学计划以加强管理。但目前全面预算管理主要由财务部门负责，业务部门和基层员工并不关注相关问题。在营运资金管理计划制订上，往往偏重销售额管理，对应收账款、存货数量等方面管理不足，这导致部分企业出现了应收账款难收回、存货积压严重等情况，从而使流动资金被大量占用，企业资金使用效率整体较低。

此外，过去企业主要依靠设备、现金流等实现经济效益，但在经济转型背景下，市场环境有所改变，无形资产成为重要财富，成为实现企业提质增效的重要资源。然而在财务管理方面，部分企业依然偏重有形资产管理，对商标、专利等资产评估不足。企业财务管理目标定位不清晰，只追求短期经济利益，与企业既定发展方向相偏离。

2.财务管理模式滞后

随着现代企业的发展壮大，企业的业务量也日渐增多，涉及范围较广，形成了复杂业务流程。在实施精细化财务管理过程中，企业还要对各种类型业务的财务状况变化进行监督，及时上传财务信息。但受传统财务管理模式的影响，常规企业依然隔月制作一次财务报表，无法做到及时汇报数据，容易错过最佳决策时机。而且，部分业务决策者存在看不懂报表的问题，从而导致财务控制、考核等工作难以有效开展，无法通过准确的财务分析为经营决策提供科学依据。受这些因素的限制，企业财务评价单纯看重净利率、毛利率，未能对业务未来发展趋势进行科学预测。财务管理部门与各业务部门联系较弱，对业务活动开展监督力度不足。此外，内部机构繁多、人员职责分工不明、财务管理审批程序复杂、上下级执行标准存在差异等因素，也在一定程度上影响了财务管理水平的提高。缺乏健全的监督考核制度，使得财务管理人员缺乏足够约束力，不能根据现代企业要求对财务管理工作进行创新。

3.财会信息质量不佳

在现代企业中，财务管理人员主要将精力放在整体战略管理上，财务核算等传统工作则主要依赖信息化系统来完成。按照财务管理系统设定的凭证模板，可以实现自动记账。如果发生问题，财务人员可能会在下一节点甚至报表环节才发现。此时重新进行业务流程再造，会使整体财务工作效率受到影响，引发数据失真问题。而财务人员在录入原始数据过程中，也容易出现录入错误，引发财会信息失真问题。利用不真实的会计数据进行财务分析，将给企业发展带来不利影响，削弱财会信息的公信力。在大数据时代，企业每项经济活动的高效开展都需要信息数据支撑，要求利用会计数据信息对企业经营状况进行改善，确保各项财务工作能够与业务工作相互配合，为企业经济活动开展提供有效支持。财会信息质量不佳，将导致企业财务管理工作陷入发展瓶颈，难以提供准确的成本信息、资金信息等，无法为企业持续降低经营成本目标的实现提供支撑。

二、行政事业单位财务管理与企业财务管理的改进策略

（一）行政事业单位财务管理的改进方向与具体措施

1.树立全面的财务管理意识

行政事业单位全面财务管理意识的树立需要单位领导支持。在明确这一点后，财务管理人员需要做好与行政事业单位领导的沟通交流，通过这种方式来让单位领导主动支持财务管理人员的工作，以自上而下的方式在单位内部树立起更为全面的财务管理意识。财务管理人员在得到单位领导层的支持和帮助后，需要进一步加大内部宣传力度，将财务管理的相关工作内容、具体工作价值在单位内部进行重点宣传，确保其他部门工作人员在落实财务管理工作过程中能得到更加有效的帮助。

2.完善财务管理制度

行政事业单位对国家相关政策、制度的要求极为重视，这一点不仅体现在行政事业单位综合职能的发挥上，还体现在行政事业单位的各项内部工作中。在对财务管理制度进行优化的过程中，需要将原有制度作为重要参考依据，结

合当前阶段行政事业单位的实际运营情况，落实责任制。同时，做好对内部工作人员的约束和监督，避免贪污腐败问题的出现。

3.加强信息化建设

行政事业单位需要加强单位内部信息化建设。行政事业单位应利用好有限的财政资金，尽量丰富单位内部资金储备，在较为充足的资金支持下优化信息化建设流程。在加强信息化建设的过程中，需要注意以往行政事业单位各个部门信息化管理系统之间相互独立的情况。在对单位整体信息化建设流程进行优化的同时，做好对各个部门信息化管理系统的有效整合，协调不同信息化管理系统间的关系，确保行政事业单位内部各项数据信息均能在优化后的信息化管理系统中顺利流转，更好地保障行政事业单位各项财务数据信息的安全性。

4.健全监督考核机制

财务管理在当前阶段行政事业单位的运营过程中有着极为关键的作用。行政事业单位需要积极响应国家在财务管理方面的标准要求，不断推进单位财务管理规范性的提升。因此，行政事业单位需要在监督考核机制的完善和健全上投入更多的精力，并在机制设计中给出明确的工作要求，确保监督考核工作的规范性，保证行政事业单位对单位内部的财务管理具体情况有更为全面的了解。在健全监督考核机制的过程中，单位可以考虑在内部筛选人员，重点关注该部分人员的职业道德和能力水平。由单位领导出面进行人员整合，组建更具权威性、专业性的监督团队，其中主要包括单位内部财务人员、审计人员。

5.加强资金管理工作

资金作为影响行政事业单位各项内部工作、业务活动的重要因素，必须重点关注，应加强资金管理工作。针对当前行政事业单位内部存在的多部门共同参与资金管理工作的情况来进行调整，逐步将资金管理工作交由行政事业单位财务管理部门进行处理，严禁其他部门参与其中，提高资金管理工作的规范性。同时，在财务管理部门高素质财务管理人员的支持下，资金管理的专业性也能得到更好保障，让单位内部工作、业务活动在实际落实过程中能够得到更加充足的资金支持，稳步改善行政事业单位的运营情况，推动实现单位财务管理能力的提升。

6.优化固定资产管理工作

行政事业单位需要积极落实国家要求，盘活存量资产，增加有效投资。行政事业单位的固定资产涉及多个方面，单位领导和相关工作人员需要先对当前单位内部固定资产进行有效整合，重点关注当前收益较好或者有一定潜力的基础设施项目资产、单位长期闲置但仍具备较大开发利用价值的项目资产。在明确这部分资产后，考虑调整固定资产管理模式，盘活存量资产，通过这种方式对行政单位内部储备资金进行有效补充，尽量减轻国家的财政资金压力。利用基础设施领域不动产投资信托基金、PPP模式（政府和社会资本合作模式）等方式盘活行政事业单位固定资产。行政事业单位还需要建立健全针对固定资产管理的有关制度，对固定资产的价值评估、处理流程等工作给出明确要求，进一步提升固定资产管理的规范性。重点关注过分贬值处理固定资产的情况，避免行政事业单位的固定资产被侵占。

7.加强财务管理人才队伍建设

行政事业单位需要有效利用信息化建设，尽量减轻财务管理人员的工作压力，让单位内部财务管理人员有更多的精力提升能力。行政事业单位需要做好安排，对单位内部全体财务管理人员进行有针对性的培训，提前做好对财务管理人员的能力考核工作。该项培训的作用不只在于对财务人员财务管理专业能力的提升，更在于对财务人员学习能力的培养，让财务人员在日常生活、工作中形成良好的学习习惯，稳步提升财务管理专业水平。

在当前背景下，行政事业单位的财务管理工作对单位综合职能的发挥有着重要作用，单位的社会服务质量也会受到财务管理工作落实情况的影响。目前，基于我国社会经济的发展变化，行政事业单位财务管理工作在实际落实过程中还有部分问题有待处理，在行政事业单位的后续发展过程中，还需要重点关注和处理这部分问题。为实现这一目标，行政事业单位领导层需要优化管理模式，在财务管理方面投入更多精力，为财务管理人员提供更为有力的支持，确保在行政事业单位财务管理工作实际落实过程中能够得到单位内部各个部门的积极配合。

（二）企业财务管理的改进方向与具体措施

1.提升财务管理人员能力

企业可利用网络渠道和线下渠道相结合的方式，面向全社会招聘具有较高业务能力和素质的优秀财务人员。对其的专业能力和道德素养等进行全面的考核，为符合标准的人员提供具有针对性和导向性的岗前培训，确保新入职人员都具备上岗的资质，并能快速适应和熟悉现代企业财务管理的工作流程。还需要为现有的财务管理人员提供具有较强针对性和个性化的理论培训与技能培训，充分了解工作人员的能力、性格、特长等。有效地对理论培训内容体系进行拓展，吸收一些全新的财务管理知识，使财务管理人员充分了解法律法规、会计准则、会计制度等。聘请具有较强理论基础的优秀人员来对财务管理人员进行指导，全面完善财务管理人员的知识架构。同时，在理论培训过程中，可增加一些计算机操作、信息收集、财务预算、财务核算、资产管理、风险防控等方面的实训项目，或开展党风廉政、责任意识、契约精神、道德修养、财务素养等方面的培训。全面提升财务管理人员企业认同感和思想境界，使其具备符合现代企业财务管理工作的综合素质。

2.引进先进财务管理方法

现代企业财务管理涉及的内容相对较多，若仅由管理人员来负责信息收集，并与相关部门的人员进行接洽，会浪费较多的时间。基于此，相关人员需要在考虑现代财务管理特性的情况下引进全新的信息系统，利用大数据技术对企业当中的各项财务信息和数据进行快速收集和处理，将其存储在基于网络和云存储技术的信息数据中心和数据库当中。对于一些较为重要的财务管理纸质档案，则需利用相应的设备将其转化为数字档案，并进行备份和存储。当因不可控因素而使纸质档案损坏或遗失时，则可根据电子备份数据来进行复原，反之亦然。为有效降低财务管理信息使用过程当中的泄露隐患和遗失风险，可在信息系统当中引入防火墙技术和数字认证技术。还可将财务管理信息系统与企业的总系统进行连接，构建基于各部门的全新财务管理信息共享平台，定期对平台上的信息和资讯进行更新，当各部门需了解或应用相关的财务信息时，可在系统当中进行下载和传输。在投资管理过程当中，需利用信息系统来对相关数据进行全面分析，充分掌握现阶段的市场发展情况和行业发展特性，通过各种渠道来获取更多的发展资金。利用系统来对各阶段的生产和销售情况进行监督，根据实际情况来进行方案的调整和创新，避免出现成品堆积现象。还需引进相应的应收账款管理软件，对每一笔应收账款进行记录，根据合同要求来确定账款回收方式，并对回收前、中、后的不同阶段进行管理，有效提升企业的资金使用效率和周转速率。

3.构建全新财务管理制度

完善而健全的制度是现代企业财务管理工作开展的基础，也是有效地控制风险、解决问题的依据。因此，相关人员需基于现有的法律法规和规章制度，掌握原有的管理制度存在的问题，并对其进行有针对性的完善。为了让每个工作人员都明确自身的职责和义务，更好地明确工作的范围和内容，应根据财务管理工作的特性来落实岗位责任制，利用科学的工作方法来进行财务管理任务的划分，并将之落实到每一个财务管理工作人员的身上。为避免工作人员出现互相推诿的现象，还需对其任务划分和执行情况进行详细记录。这样，当出现异常时，才能更好地发现问题，并根据情节来追责。也可从财务管理的流程和周期出发，推出与现代企业相适应的预算管理制度、应收应付款管理制度、财务处理制度、资产管理制度、档案室管理制度、安全管理制度、信息系统管理制度、财务管理内控制度、财务管理监督制度、财务风险防控与管理制度等，重新界定工作内容和范畴，并要求相关人员以此为依据进行有效的执行和实施。为使员工和企业形成利益共同体，还可将财务管理工作纳入全新的绩效考评范畴内，根据考核结果进行薪酬的分配。还应建立奖惩机制，根据人员的工作完成情况和日常表现来对其进行有效的奖励与处罚，以使其更好地遵守各项财务管理制度。

财务管理是企业工作的重要一环，影响着企业的发展。合理的财务管理能够使企业把控好发展方向，提高整体利润。总而言之，相关人员必须明确企业的相关政策和决策，正视新形势下现代企业所面临的挑战和机遇，制定具有较强导向性、严谨性、制约性的全新财务管理制度，为后续的各阶段财务管理工作指明方向。与此同时，还应在原有基础上引进一些具有现代特色和优势的财务管理创新方法，结合实际需求优化现代企业财务管理流程，将现代信息技术和现代企业的财务管理工作进行有机结合。这样才能为新时期现代企业的可持续发展和创新发展奠定基础。

三、行政事业单位财务管理与企业财务管理的创新方向

（一）行政事业单位财务管理的创新思路与实施方案

1.转变思维理念，强化创新意识

思想认识的转变是行政事业单位财务管理创新的前提。首先，单位要明确市场经济环境的特点，对财务管理内涵、价值形成全面了解，特别是要对财务管理和内部治理的逻辑关系进行深刻理解。在此基础上，行政事业单位要对自身财务管理现状进行审视，找到不足之处，并通过优化改进逐步实现整体创新转型。其次，行政事业单位管理层要做好宣传教育工作，由上至下逐级提高对财务管理的重视程度，通过定向、精准的知识传达，促进全员正确认识、参与财务管理，夯实财务管理转型发展的基础。最后，提高财务管理决策力，加强财务管理与战略目标的对接，摒弃落后模式，加强预算管理，提高资金利用效率，实现行政事业单位社会效益与经济效益的高效协同。需要重点指出的是，管理层在形成正确认识的基础上还要做好顶层设计，确保财务管理创新的正确方向以及后续行动的顺利进行。

2.加强制度创新，规范管理流程

当前，行政事业单位资金流动性持续变强，规范、优化相应体制，以及革新体系内容，自然就成为具有重要战略价值的系统工程，也是高效推进财务转型的保障。具体来讲，行政事业单位可以从以下几个方面着手开展财务管理制度创新，以进一步规范管理流程，改善管理效果。

第一，加强资金管理制度创新。行政事业单位要构建完善的财务内控体系，并以具体需求为导向，强化财务管理与市场经济的宏观对接、整合、勾连，通过资金管理流程的深层改进、优化、提升，在流程改革中尤其要对存在的差异点进行针对性解决。在此过程中，要以多主体的个性化需求为导向，全面开展个性化财务管理，夯实各部门财务高效协同的基础，进而形成规范化、协同化、有序化的运行程序，以便各项管理工作的有效执行。同时，行政事业单位要采取约束机制规范相关主体的操作行为，切实增强管理的实效性。

第二，加强岗位责任制创新。传统财务管理模式对岗位职能的了解不够深入，管理工作相对混乱。因此，行政事业单位要加强岗位责任制创新，在全面了解岗位职责的基础上提高财务控制能力。另外，要构建相应的奖惩机制，确保责任细化到人，一旦出现问题就立即启动追责程序，对相关人员予以惩罚。如果没有出现问题，则要对相关人员予以奖励。如此才能充分激发财务人员的积极性，使其更加主动地投入到相关工作中。

第三，加强收支管理制度创新。行政事业单位财务管理涉及内容较多，流程较为烦琐，单纯依靠财务部门是远远不够的，还需要其他部门的有效配合与协作。特别是基层业务部门的积极参与能够更加全面地整合各项资金信息、业务数据，进而对收入、支出形成细致全面的了解，以提高收支管理、审批、核算的精准度，并充分发挥财务管理的决策支持作用。

3.加强技术应用，完善动态监管

数字经济时代，财务管理信息化已成为财务管理改革的必然，这就要求行政事业单位在财务管理创新实践方面也要与时俱进，加强技术应用，推动财务管理的现代化转型。特别是要利用信息技术构建动态化监管体系与完善的安全防控机制，为业财融合、智慧财务等系统的构建提供核心驱动与保障。

一方面，行政事业单位要加强财务资源整合，汇总各类有效信息并上传至财务信息平台，为后续数据的挖掘、利用和共享夯实基础。在数据整合利用过程中，要有意识地引入相关信息技术，提高统计、计算、分析等财务工作的执行效力，全面提升财务管理的规范性、精准性与实效性。尤为重要的是，在信息技术的加持下，对市场环境、政策动态等进行精准预判，在提高财务管控力度的同时，有效规避潜在的财务风险。另一方面，行政事业单位要加强信息技术在安全防控领域的应用，为重要财务数据提供安全保障，规避信息泄露、损毁、盗窃等问题。行政事业单位要安排专人进行财务信息系统的更新检查，及时发现安全漏洞并快速解决，采用多种加密手段与用户等级机制，设置严密的网络安全关卡，全面提升财务数据传输的安全性。

总而言之，行政事业单位财务管理创新具有较强的现实必要性和重要性，相关人员必须深入理解财务管理创新的内涵、价值、原则、方向等，立足实际，加强现状审视，明确现存问题，采取有效措施加以改进，以实现财务管理的高效创新。

（二）企业财务管理的创新思路与实施方案

1.树立现代化思想，创新管理理念

新的历史时期，传统财务管理理念已经不能满足当前经济社会发展的需求，这就需要相关人员在新经济背景下，实现财务管理创新，解决企业经营发展中面临的问题。企业要想更好发展，就需要做好资产保值和增值管理工作，重视无形资产的管理。该目标的实现需要树立现代化思想，创新管理理念，通过对无形资产加以管理，让企业适应新形势下的发展变化，最终加快经济发展速度。此外，市场一直处于变化发展之中，若是企业财务管理工作停滞不前，就会被市场淘汰。因此，在新经济背景下，企业财务管理人员要树立先进思想，顺应时代发展潮流，认识到财务管理工作的重要性，积极探索工作新方法；树立创新意识，不断丰富自身知识体系，进而不断提高自身

财务管理水平。

2.结合企业发展情况，合理制定管理目标

新经济背景下，企业想要更好发展，就要结合自身发展情况，制定科学合理的管理目标，确保财务管理工作的有效性，为企业获取经济效益。企业经营发展中，财务管理的重点目标就是实现利益最大化。这就需要企业管控生产经营活动，以获取最大利益。要想实现这一目标，业务部门就要和财务部门加强合作。比如，对于生产环节涉及的经营管理情况，相关人员要及时和财务部门沟通，实现信息的有效传达，确保资源合理配置和利用。在此基础上，企业才可实现长远发展目标，获取最大利益。这就意味着财务管理相关部门，需要立足企业生产经营活动的现实处境，帮助企业提升经营管理水平，做好风险预警工作，以此助推企业长远发展。

3.有效应用新技术，实现网络化管理

互联网给人类的生产和生活带来很大帮助。企业管理也要与时俱进，有效应用信息技术实现网络化管理。传统财务管理工作主要是借助人力，以纸质形式呈现最终成果。现阶段，可以通过网络信息技术，实现财务管理工作电子化。财务管理与信息技术的融合，对财会工作人员提出了更高的要求，要求财会工作人员不仅具备扎实的专业理论素养，而且熟练应用网络信息技术，推动财务管理朝着信息化方向发展。应用网络信息技术，可以弥补传统管理的缺陷，实现企业管理的科学化与规范化，确保企业顺利运营。比如，可以在财务管理工作中融入动态核算以及远程操作，引进新技术开展财会信息经营管理工作，对企业各项业务活动实行监管，变静态管理为动态管理，及时解决财务管理中存在的问题。再如，企业可以通过应用信息技术，建立财务管理信息系统，提前对各项工作进行规划，以信息化为基础，根据先易后难的原则，有序将财务管理的各项工作做好，促进企业财务管理工作朝着信息化和网络化方向发展，避免投资中出现各类风险。

4.创新管理制度，提升企业财务管理整体水平

新经济背景下，企业若还是选择落后的管理制度，必定会产生不利影响，

降低财务管理工作效率以及质量。在新的历史时期，需要结合企业发展状况，对管理制度加以有效创新。一方面，财务管理工作应将企业发展和经济效益作为重点。在日常工作中落实勤俭节约的发展方针，确保开支预算制定的科学性，规避企业经营发展中存在的资源浪费问题，提升企业经济效益。与此同时，要确定财务管理工作者的岗位职责，将责任落实到每个人身上，严格按照章程办事，如果发现问题，应立即追究责任人，这样在制度的约束下，财务管理工作人员的行为会得到有效规范。另一方面，在管理中应重视人员的稳定性，严禁随意调动财会工作人员，这样可以保障财务管理工作者在自身岗位上发光发热，进而提升自身工作能力。此外，财务管理部门要和其他部门进行有效交流和沟通，进行协作，共同促进企业发展。针对企业中存在的机密性文件及信息，要做好相应的保密工作，这就需要提升财务管理工作者的保密意识，使其将信息安全工作做好。

5.重视培训考核，提高财务管理者的综合素养

在企业财务管理工作中，工作人员素养影响财务管理水平。要想实现财务管理创新，就要重视工作人员的考核培训。比如，可以定期将企业内部工作人员组织起来，对其进行相应的教育培训，同时，也可以与优秀企业合作，为财会工作人员提供外出学习机会，让其主动和他人交流学习经验，优化企业内部财务管理模式，使其具备敏锐的市场嗅觉。企业还需改变按资排辈的现象，结合员工工作能力，为其提供发展平台，以此提升财务管理者的工作积极性，增强财务管理工作活力。在人才招聘过程中，应综合考虑各个方面因素，招聘专业素质强和职业素养高的优秀人员。也可以鼓励现有工作人员，主动利用业余时间，学习信息技术，开展对应数据处理工作，不断提升财会工作者的能力。要想进一步增强财会工作者的自我管理意识，企业还需构建内部考核评价机制，实现员工工资和绩效考核的有机结合，提高工作者积极性，使其在有效掌握财务专业知识的基础上，准确判断市场行情，推动各项工作的顺利开展。

总之，在新经济背景下，要想实现企业财务管理工作的进一步创新，需要

相关人员树立现代化思想，掌握新经济背景下企业财务管理创新的要求，充分认识新经济背景下企业财务管理工作特点，采用科学有效方式，实现企业财务管理创新，满足经济社会发展需求，不断提升企业管理和经营水平，进而增强企业市场竞争力。

四、行政事业单位财务管理与企业财务管理改进与创新的前景展望

（一）改进与创新在推动财务管理发展中的重要性

通过改进与创新，行政事业单位和企业可以优化财务管理流程，提高财务信息的准确性、及时性和透明度，降低财务管理成本，提高财务管理效率。改进与创新有助于推动财务管理制度的完善，强化内部控制，提高财务管理的规范化和合规性水平。通过改进与创新，企业可以提高财务风险的识别、评估和控制能力，降低财务风险，确保财务安全。改进与创新有助于更好地发挥财务管理的决策支持作用，为企业战略决策和行政事业单位预算管理提供有力支持，提升财务管理价值。

（二）未来行政事业单位与企业在财务管理方面面临的机遇、挑战以及应对策略

随着我国经济的持续发展，企业在财务管理方面将面临更多的机遇，如市场需求的扩大、融资渠道的多样化、政策支持的加强等。行政事业单位则将在政府职能转变、预算管理改革等方面获得更多发展空间。未来，行政事业单位和企业财务管理将面临一系列挑战，如市场竞争加剧、成本压力增加、法规政策变动等。为应对这些挑战，财务管理者需要具备高度的敏感性、前瞻性以及创新能力，及时调整财务管理策略，以适应不断变化的市场环境。

面对机遇与挑战，行政事业单位和企业应采取以下应对策略：一是加强财务管理体系建设，提高财务管理的规范化和科学化水平；二是创新财务管理手段，利用现代信息技术优化财务管理流程，提高财务管理效率；三是加强财务人才培养，提高财务人员的专业素质和综合能力；四是强化财务风险管理，确保财务安全。

（三）行政事业单位财务管理与企业财务管理改进与创新的趋势预测

随着经济全球化和社会信息化的深入发展，行政事业单位财务管理与企业财务管理面临着许多新的挑战和机遇。随着互联网、大数据、云计算等技术的发展，未来行政事业单位和企业财务管理将更加依赖信息化手段，以实现财务信息的实时传递、分析和处理，提高财务管理效率。在新经济背景下，行政事业单位和企业将更加重视财务风险的识别、评估和控制，通过建立健全内部控制体系、加强风险管理意识、制定科学的决策流程等措施，降低财务风险。

未来，行政事业单位和企业将加强财务管理，推动财务资源的有效配置，提高财务运作效率。例如，通过搭建共享服务中心，集中处理财务核算、报表编制等事务，实现财务资源的优化配置。为了提高财务管理的效率和质量，行政事业单位和企业将不断完善绩效评价与激励机制，通过设立合理的绩效指标、实施绩效考核、建立激励与约束并存的机制，激发财务人员的工作积极性。

总之，在当前经济环境下，行政事业单位和企业在财务管理方面需要不断改进与创新，以应对挑战、把握机遇，推动财务管理水平的持续提升。

第三章　行政事业单位
与企业财务税收管理

第一节　行政事业单位财务税收管理

一、行政事业单位财务税收管理概述

（一）行政事业单位财务税收管理的概念、原则、作用

行政事业单位财务管理是指政府及其部门、行政事业单位等公共部门在筹集、使用、管理和监督资金的过程中，依据国家法律法规和政策，通过科学的预算、决策、执行和监督等手段，实现财务资源的最优配置，提高公共服务的效率和质量，保障政府财政稳健运行的一种管理活动。

　　1.税收管理的概念

税收管理是指政府在税收征收过程中，依据国家法律法规和政策，通过制定税收计划、组织实施税收征管、加强税收风险防控、规范税收执法行为、优化税收服务等手段，实现税收收入的最大化，保障国家财政收入稳定增长，促进经济社会发展的一种管理活动。

　　2.财务税收管理的基本原则

财务税收管理的基本原则包括依法理财、预算约束、效益优先、公开透明等。

依法理财是指行政事业单位在财务税收管理过程中，必须遵循国家法律法规和政策的规定，保证财务税收活动的合法性、合规性和有效性。预算约束是指行政事业单位在财务税收管理过程中，必须严格执行预算计划，实现预算收支平衡，防止预算外收支。效益优先是指行政事业单位在财务税收管理过程中，必须把经济效益和社会效益放在首位，提高资金使用效率，降低财务成本。公开透明是指行政事业单位在财务税收管理过程中，必须加强信息披露，提高财务透明度，接受社会监督。

3.财务税收管理的作用

财务税收管理的作用主要体现在以下几个方面：一是保障政府财政收入，支持国家经济建设；二是促进公共财政体系的建立和完善，提高财政资源配置效率；三是规范行政事业单位财务行为，防止财务风险；四是提高财政资金使用效益，促进公共服务质量的提高；五是加强税收征管，促进税收法治化建设；六是提高纳税遵从度，促进社会公平正义。

（二）行政事业单位财务税收管理的特点

1.管理对象具有特殊性

行政事业单位的财务税收管理对象主要是公共财政资金，其使用具有较强的公共性和特殊性。与企业财务税收管理不同，行政事业单位的财务税收管理需要遵循公共财政管理的基本原则，注重财政资金的使用效益和公共服务的质量。

2.管理制度具有不完善性

目前，我国行政事业单位的财务税收管理制度尚不完善，存在一些制度和机制上的缺陷。这导致了行政事业单位财务税收管理的规范性不足，容易出现违规行为和财务风险。

3.管理水平具有差异性

由于行政事业单位的性质和功能不同，其财务税收管理水平也存在较大的差异。一些单位财务管理水平较高，能够有效地管理公共财政资金，提供高质量的公共服务；而另一些单位财务税收管理水平较低，存在较大的财务风险和隐患。

4.管理具有专业性

行政事业单位的财务税收管理需要具备一定的专业知识和技能，需要掌握财政、会计、税收等方面的知识和技能，同时还需要具备一定的管理能力和协调能力，以便更好地完成财务税收管理任务。

二、行政事业单位财务税收管理的法规、实施及展望

（一）行政事业单位财务税收管理的法规与制度

1.行政事业单位财务税收管理的法规体系

行政事业单位是我国政府机构的重要组成部分，负责履行政府职能和提供公共服务。随着我国经济社会的不断发展和改革开放的深入推进，行政事业单位的财务税收管理越来越受到重视。为了规范行政事业单位的财务税收行为，我国制定了一系列法律法规和制度，形成了完整的行政事业单位财务税收管理法规体系。

（1）法律层面

《中华人民共和国预算法》：该法规定了国家预算的编制、审查、执行、调整和决算等程序，明确了预算管理的基本原则和制度，为行政事业单位的财务税收管理提供了法律依据。

《中华人民共和国会计法》：该法规定了会计的基本准则、会计核算、会计监督、会计机构和会计人员等方面的内容，为行政事业单位的财务税收管理提供了会计制度保障。

《中华人民共和国税收征收管理法》：该法规定了税收征收的基本程序、税收违法行为的处理、税收征收的保障措施等方面的内容，为行政事业单位的税收管理提供了法律依据。

（2）行政法规层面

《行政单位财务规则》：该规则明确了行政单位的财务管理体制、财务收支管理、资产负债管理、财务监督等方面的内容，为行政事业单位的财务税收管理提供了具体的操作规范。

《事业单位财务规则》：该规则明确了事业单位的财务管理体制、财务收支管理、资产负债管理、财务监督等方面的内容，为行政事业单位的财务税收管理提供了具体的操作规范。

《中华人民共和国政府采购法实施条例》：该条例明确了政府采购的范围、方式、程序等方面的内容，为行政事业单位的财务税收管理提供了法律依据。

总之，行政事业单位财务税收管理的法规体系涵盖了法律、行政法规多个层次，为行政事业单位的财务税收管理提供了全面的法律依据和操作规范。

2.行政事业单位财务税收管理的制度体系

行政事业单位是我国政府机构的重要组成部分，负责履行各项公共管理和公共服务职能。为了规范行政事业单位的财务税收管理，我国制定了一系列法规和制度。

（1）行政事业单位财务税收管理制度的法律依据

行政事业单位财务税收管理的法律依据主要包括《中华人民共和国预算法》《中华人民共和国会计法》《中华人民共和国税收征收管理法》等。这些法律法规为行政事业单位财务税收管理提供了法律依据和行为指南。

（2）行政事业单位财务税收管理制度的主要内容

①财务管理制度。

财务管理制度是行政事业单位财务税收管理的基础，主要包括财务预算制度、财务报销制度、财务决算制度、财务报告制度等。财务管理制度旨在规范行政事业单位的财务收支行为，提高资金使用效率，防止腐败和浪费。

②税收管理制度。

税收管理制度包括税收征收管理制度、税收优惠政策管理制度、税务登记管理制度、税收发票管理制度等。税收管理制度旨在确保行政事业单位依法纳税，享受税收优惠政策，规范税收征收和缴纳行为。

③内部控制制度。

内部控制制度是行政事业单位财务税收管理的重要手段，主要包括内部审计制度、内部监督制度、内部风险防控制度等。内部控制制度旨在提高行政事业单位财务税收管理的透明度，防范财务税收风险。

（3）行政事业单位财务税收管理制度的实施与监督

行政事业单位财务税收管理制度的实施与监督主要包括内部监督、外部审计和社会监督。内部监督主要由行政事业单位内部审计部门负责，外部审计主要由国家审计机关负责，社会监督主要通过公开透明的方式实现。

总之，行政事业单位财务税收管理制度体系包括法律依据、主要内容以及实施与监督等方面。建立和完善行政事业单位财务税收管理制度，可以有效规范行政事业单位的财务税收行为，提高财政资金使用效益，促进政府职能的充分发挥。

3.行政事业单位财务税收管理的规范文件

行政事业单位财务税收管理的规范文件主要包括以下几个方面：

（1）法律层面

主要有《中华人民共和国预算法》《中华人民共和国会计法》《中华人民共和国税收征收管理法》等。这些法律规定了行政事业单位财务税收管理的基本原则和具体规定，为行政事业单位财务税收管理提供了法律依据。

（2）行政法规层面

主要有《行政单位财务规则》《事业单位国有资产管理暂行办法》等。这些行政法规对行政事业单位财务税收管理进行了详细的规定，包括财务收支管理、资产管理、税务管理等方面的内容。

（3）地方性法规和规章层面

各地方政府根据实际情况制定的地方性法规和规章，如《东城区行政事业单位财务管理办法》《上海市市级事业单位国有资产处置管理办法》等，也对行政事业单位财务税收管理进行了规范。

总之，行政事业单位财务税收管理的规范文件涵盖了法律、行政法规、部门规章和地方性法规多个层面，形成了较为完整的法规制度体系，为行政事业单位财务税收管理提供了明确的法规依据和操作指南。

（二）行政事业单位财务税收管理的程序、方法及技术手段

1.行政事业单位财务税收管理的程序

（1）明确管理目标

行政事业单位财务税收管理的目标主要是确保财务税收的合规性、降低税收成本、提高资金使用效率、保障资金安全等。为了实现这些目标，单位需要建立健全内部财务税收管理制度，明确各部门、各岗位的职责和权限，确保管理工作有序开展。

（2）制定管理策略

根据单位的实际情况，制定切实可行的财务税收管理策略，包括税收筹划、税收风险防控、税收优惠政策利用等。同时，要定期对管理策略进行调整和优化，以适应外部环境的变化。

（3）编制预算

行政事业单位应按照财政部门的要求，编制年度财务预算，明确收入、支出、资金结余等财务目标。在编制预算时，要充分考虑税收因素，合理预测税收收入和支出，以确保预算的合理性和准确性。

（4）加强会计核算

行政事业单位要加强会计核算工作，及时、准确地记录和反映财务税收情况。要建立健全会计核算制度，规范会计科目、会计分录、财务报表等核算工作，为税收管理提供真实、完整的会计信息。

（5）开展税收申报和缴纳

根据税收法律法规的规定，行政事业单位需要按时、按规定向税务部门报送税收申报表，积极履行纳税义务。同时，要确保税款及时、足额缴纳，防止

发生拖欠税款的情况。

（6）税收风险防控

行政事业单位要加强对税收风险的识别、评估和防控工作，确保税收管理工作的顺利进行。要定期对税收风险进行排查，发现问题及时采取措施予以纠正，避免税收风险的扩大和蔓延。

（7）内部审计与监督

行政事业单位要建立健全内部审计制度，对财务税收管理情况进行定期审计，发现问题及时整改。同时，要加强内部监督，对税收管理中的违规行为进行查处，保障税收管理工作的规范运行。

总之，行政事业单位财务税收管理的程序包括了明确管理目标、制定管理策略、编制预算、加强会计核算、开展税收申报和缴纳、税收风险防控、内部审计与监督等方面。这些程序的有序开展，可以有效地提高单位的财务税收管理水平。

2.行政事业单位财务税收管理的方法

（1）建立健全财务税收管理制度

行政事业单位要建立健全财务税收管理制度，包括制定和完善财务税收管理流程、内部控制制度、财务报告制度等，确保财务税收管理工作的规范化和制度化。

（2）加强财务税收风险管理

行政事业单位要加强财务税收风险管理，及时识别和评估财务税收风险，制定相应的风险防范措施，避免因财务税收风险导致的经济损失。

（3）采用信息化手段提高财务税收管理水平

行政事业单位要采用信息化手段提高财务税收管理水平，通过财务税收管理信息系统实现财务税收信息的采集、处理、分析和传递，提高财务税收管理的效率和准确性。

（4）加强财务税收培训和宣传

行政事业单位要加强财务税收培训和宣传，提高财务人员的税收意识和税收业务水平，确保财务税收管理工作的顺利开展。

（5）加强财务税收审计和监督

行政事业单位要加强财务税收审计和监督，及时发现和纠正财务税收管理中的违法违规行为，保障财务税收管理工作的合法性和合规性。

（6）推进财务税收管理创新

行政事业单位要推进财务税收管理创新，积极探索新的财务税收管理方法和模式，不断提高财务税收管理的科学性和有效性。

总之，行政事业单位财务税收管理的方法主要包括建立健全财务税收管理制度、加强财务税收风险管理、采用信息化手段提高财务税收管理水平、加强财务税收培训和宣传、加强财务税收审计和监督、推进财务税收管理创新等方面。采用这些方法，可以有效提高行政事业单位财务税收管理的效率和质量，保障行政事业单位的财务安全。

3.行政事业单位财务税收管理的技术手段

（1）电子化核算

电子化核算是行政事业单位财务税收管理的基础。通过电子化核算，财务数据可以得到快速、准确处理，从而提高财务工作效率。同时，电子化核算还可以有效防止财务数据的篡改和伪造，保证财务数据的真实性和可靠性。

（2）信息化管理

信息化管理是行政事业单位财务税收管理的重要手段。通过信息化管理，行政事业单位财务税收管理人员可以对财务数据进行实时监控和分析，及时发现和解决财务问题。同时，信息化管理还可以提高财务信息的透明度，方便有关部门对行政事业单位的财务状况进行监督和审计。

（3）数据分析与挖掘

数据分析与挖掘是新兴技术手段。对财务数据进行深度分析和挖掘，可以发现财务数据背后的规律和趋势，为行政事业单位制定科学的决策提供有力支持。同时，数据分析与挖掘还可以帮助行政事业单位发现潜在的财务风险，提前采取措施进行防范。

（4）云计算与大数据技术

云计算与大数据技术可以实现财务数据的快速传输和大规模存储，为行政事业单位提供强大的数据支持。同时，云计算与大数据技术还可以帮助行政事业单位进行数据挖掘和分析，提高财务管理的智能化水平。

总之，行政事业单位财务税收管理的技术手段不断发展，为行政事业单位财务管理工作提供了有力支持。行政事业单位应充分利用现代技术手段，不断提高财务税收管理的水平，为我国财政事业的发展做出贡献。

（三）行政事业单位财务税收管理的改革与发展

1.行政事业单位财务税收管理改革的背景和目标

（1）行政事业单位财务税收管理改革的背景

①社会经济环境的变迁。

随着我国社会主义市场经济体制的逐步建立和完善，行政事业单位所面临的社会经济环境也在发生深刻的变化。这不仅对行政事业单位的财务管理提出了新的要求，也为财务税收管理改革提供了有利的条件。

②财政管理体制的变革。

近年来，我国财政管理体制进行了多次改革，其中一个重要的方向就是深化预算管理制度。这使得行政事业单位逐渐从被动的执行者转变为主动的管理者，为财务税收管理改革创造了良好的制度环境。

③行政事业单位改革的推进。

为了提高行政事业单位的运行效率，我国政府对行政事业单位进行了一系列的改革。这些改革措施的实施，使得行政事业单位的财务管理逐渐从封闭走向开放，为财务税收管理改革提供了新的动力。

（2）行政事业单位财务税收管理改革的目标

①建立科学合理的财务管理体制。

行政事业单位财务税收管理改革的一个重要目标就是建立科学合理的财务管理体制，使之能够适应当前社会经济发展的需要。这包括建立健全财务预算、财务报告、财务监督等制度，提高财务管理的透明度和公开度。

②提高财务税收管理效率。

行政事业单位财务税收管理改革可以提高税收管理的效率，包括提高财务税收的征管效率、降低征管成本，优化财务税收管理流程，简化管理手续，提高服务质量。

③强化财务税收风险防范。

行政事业单位财务税收管理改革还需要强化财务税收风险防范，包括建立健全财务税收风险预警机制，加强财务税收风险的识别、评估和控制，以及完善财务税收风险的应对措施。

④促进公共服务质量的提高。

行政事业单位的财务管理改革应着眼于促进公共服务质量的提高，通过优化财务管理，保障行政事业单位的资金合理使用，提高公共服务的效率和质量。

2.行政事业单位财务税收管理的发展展望

未来，行政事业单位财务税收管理将会面临一系列挑战和机遇。随着我国经济的快速发展和税制改革的深入推进，行政事业单位的财务管理将越来越重要。要想更好地应对未来的挑战，需要从以下几个方面进行展望。

首先，加强财务信息化建设。随着信息技术的不断发展，行政事业单位财务管理信息化建设将不断完善，财务数据和信息的实时共享将更加便利。财务大数据平台的建立，可以提高财务管理效率，降低管理成本，更好地为行政事业单位提供财务决策支持。

其次，推广电子发票和网上报销。电子发票和网上报销可以有效提高行政事业单位的财务管理效率，降低人工操作的烦琐程度和出错概率。同时，电子发票和网上报销还可以为行政事业单位节省大量纸张和邮寄成本，有利于环境保护。

再次，优化税收征管方式。随着税收征管改革的不断推进，行政事业单位的税收征管方式将更加注重风险防范和信用管理。税收征管大数据平台的建立，可以实现对纳税人的全面、准确、及时的税收监控，提高税收征管效率和准确性。

最后，提高财务管理人员的素质。面对未来行政事业单位财务税收管理的发展趋势，提高财务管理人员的专业素质和综合能力显得尤为重要。行政事业单位应加强对财务管理人员的业务培训和教育，提高其业务水平和管理能力，以适应未来财务管理的发展需求。

总之，随着我国税制改革的不断深入和经济的持续发展，行政事业单位财务税收管理将面临更加严峻的挑战。应从多个方面对行政事业单位财务税收管理进行改革和创新，以提高财务管理效率和税收征管水平，为我国经济发展提供有力保障。

第二节　企业财务税收管理

一、企业财务税收管理的定义、目标及内容

（一）企业财务税收管理的定义

企业财务税收管理是指企业在遵守国家税收法规的前提下，通过科学合理的财务管理和税收筹划，达到降低税收成本、优化税收结构、提高企业经营效益的目的。它是一种策略性、综合性的管理活动，涉及企业经营、投资、筹资等环节。

（二）企业财务税收管理的目标

1.确保企业遵守国家税收法规和政策

企业财务税收管理需要严格按照国家税收法规和政策进行操作，确保企业的税收行为合法合规。这不仅可以帮助企业避免因违法行为而产生的负面影响，还可以树立企业的良好形象，提高企业的社会信誉。

2.合理规划企业税收成本

税收成本是企业经营成本的重要组成部分，企业财务税收管理需要根据企业的实际情况和税收政策，合理规划企业的税收成本。通过合理规划，企业可以在保证税收合规的前提下，尽可能地降低税收成本，提高企业的经济效益。

3.及时准确地完成税收申报和缴纳

企业财务税收管理需要确保企业及时准确地完成税收申报和缴纳，避免因逾期申报或未缴纳税款而产生的罚款和滞纳金。此外，及时准确的税收申报和缴纳还有助于企业树立良好的信用记录，为企业的未来发展打下坚实的基础。

4.优化企业税收结构，提高企业税收效益

企业财务税收管理需要根据企业的战略目标和市场需求，不断优化企业的税收结构，提高企业的税收效益。通过优化税收结构，企业可以在保证税收合规的前提下，最大限度地利用税收政策，提高企业的竞争力和市场地位。

5.加强企业税收风险管理

企业财务税收管理需要加强对企业税收风险的管理，确保企业在税收方面的风险可控。通过对税收风险的有效管理，企业可以在面临税收政策变化或税收稽查时，减轻财务和经营压力，确保稳定运营。

总之，企业财务税收管理的目标是确保企业税收行为的合法合规，降低税收成本，提高税收效益，加强税收风险管理，从而为企业的发展创造良好的税收环境。

（三）企业财务税收管理的内容

企业财务税收管理是企业日常运营中不可或缺的一部分，主要包括税务筹划、税务申报、税务核算和税务合规等方面。

1.税务筹划

税务筹划是企业财务税收管理中至关重要的一环。它是指企业通过对税收政策的了解和运用，合理地安排经营活动和调整财务结构，最大限度地减轻企业税负的过程。税务筹划的主要目的是降低企业税负，提高企业的竞争力和盈利能力。

2.税务申报

税务申报是指企业按照税法规定向税务部门报送企业税务报表的过程。企业需要按照税法规定填写各种税务报表，包括企业所得税申报表、增值税申报表、营业税申报表等。税务申报是企业必须履行的法定义务，如果企业未按照规定报送税务报表，就会面临罚款等法律风险。

3.税务核算

税务核算是指企业对税务事项进行核算和处理的过程。企业需要建立完善的税务核算体系，确保税务核算的准确性和及时性。税务核算的主要内容包括企业所得税核算、增值税核算、营业税核算等。

4.税务合规

税务合规是指企业遵守税法规定，按照规定进行税务申报、税务核算和税务筹划的过程。企业需要建立完善的税务合规体系，确保企业的税务行为符合税法规定。税务合规的主要目的是避免企业因税务违规而面临的罚款和法律风险。

总之，企业需要建立完善的财务税收管理体系，确保企业的税务行为符合税法规定，降低企业税负，提高企业的竞争力和盈利能力。

二、企业财务税收管理原则

企业的税收管理工作要根据以下原则：

企业要主动遵从、倡导遵纪守法、诚信纳税的税务管理理念，不断提升企业全体员工的税收管理意识；企业管理层负责对税收管理工作的监督指导和决策参与，不断加大税务风险的防范和控制力度，促进企业内部管理和政府外部监管的有效互动；企业要建立完善的税收管理机制，以经营管理情况、税收风险特征和内部控制机制为基础，以税务风险评估结果、税收管理成本、管理效益等内容为依据，不断调整税收管理策略，合理设计税收管理流程和方法，提高企业的税收管理质量；企业要根据税务风险的来源、特征和因素，重点在组织机构、职权分配、业务流程、监督检查和信息沟通等环节实施税收管理，合理选择控制管理方法和流程，并根据税务风险的特征和规律不断完善、调整企业税收管理机制，实现税收管理工作的持续性改革；对企业的重大税务风险，要及时向税务部门报告，并根据税务部门的意见进行整改，全面落实企业税收的合法合规管理。

三、企业财务税收管理的重要性

（一）降低企业税收成本

对企业而言，税务是企业资金支出的重要组成部分，与企业的经营利润直接相关。税务工作的开展不仅对企业的生产经营至关重要，还直接影响企业的经营利润。企业税收管理人员在相关纳税环节合理规划，以保障企业纳税行为的合法性，在保证自身经济利益的同时也不会侵害国家利益。税收管理人员需要加强对相关税费优惠政策的研究，帮助企业防范、化解税务风险，合法延迟缴纳税款，以降低企业的税务成本，从而节约企业经营成本，创造更大的税后利润，实现经济效益的最大化。

（二）降低企业涉税风险

随着经济全球化的进一步发展，市场环境日益复杂，企业面临着更大的竞争压力。在税收征管工作日趋严格的情况下，税务企业也面临着更大的涉税风险。在实际的生产经营过程中，企业的财务税收管理受到各种因素的影响，如企业管理层或税收管理人员缺乏专业的税务知识，未合理利用优惠政策；企业的纳税行为不合理合法，存在违反税务法律的行为；等等。由此可见，企业在生产经营活动中，需要承担多方面的涉税风险。因此，税收管理人员需要对企业面临的各项税务问题进行深入分析，强化税收管理，统筹规划，科学评估并处理涉税问题，以降低企业的涉税风险。

（三）提高企业财务水平

税务工作是企业财务工作的核心，财务部门的管理工作对企业税收管理效果具有直接影响。相关的财务人员不仅需要对现行税收及财会法律法规熟练掌握，还需熟知各项会计制度、会计准则与会计法，并在结合企业现状的基础上，制定符合企业发展的会计核算制度，并严格落实到位。由此可见，加强对企业税收管理的统筹规划，有助于提高企业的财务管控能力，提升企业的财务水平。

（四）优化企业内部资源

在加强企业税收管理的过程中，企业管理层对国家层面的税收政策需要有更全面的了解，着重对税收管理过程中的高风险事项进行管控，帮助经营者合理利用各项税费优惠政策，对企业现有的资金、技术、人员等做出更加科学、合理的安排与规划，实现资源的最优化配置和预期管理目标。

（五）实现企业财务目标

目前，企业作为市场经营的主体，以最小的投入来获取最大的利益是企业生存、经营的首要原则，企业只有获取一定的利益，才能保证正常运行，尤其是在微利时代，经济效益已成为企业不得不关注的重点。因此，企业财务目标的制定需要着重考虑经济效益，并对税务工作进行指导。企业在税收管理工作中，应充分考虑市场大环境，借助科学的统筹规划，选择最适宜企业发展的税收方案，实现税务工作的高效运行。这样有助于降低企业成本，增加企业盈利空间，促使财务目标实现。

第三节　行政事业单位与企业财务税收管理的主要差异

一、行政事业单位与企业财务税收管理的体制差异

行政事业单位隶属各级政府，接受政府的管理和监督，其财务税收管理也受到政府相关部门的指导和监管。而企业则是独立的法人实体，自主管理财务税收事务，其财务管理体制相对独立。

行政事业单位的资金主要来源于政府拨款和财政补贴，资金使用也受到严格的限制和约束。而企业的资金则主要来自市场融资和经营收入，其资金使用相对灵活自主。

行政事业单位执行《政府会计制度——行政事业单位会计科目和报表》，该规定规范了行政事业单位的财务税收管理。而企业则执行企业会计准则体

系，该体系对企业的财务税收管理进行了规定。

行政事业单位的财务报表主要包括资产负债表、收入支出表和现金流量表等，用于反映单位的财务状况和经营成果。而企业的财务报表则主要包括资产负债表、利润表和现金流量表等，用于反映企业的财务状况、经营业绩和现金流量情况。

行政事业单位的税务管理相对简单，主要是遵守国家相关税收法律法规和政策，申报缴纳税款。而企业的税务管理则较为复杂，需要合理规划税收、利用税收优惠政策来防范税务风险等。

总体来说，行政事业单位与企业财务税收管理的体制差异主要体现在管理体制、资金来源、会计制度、报表体系和税务管理等方面，这些差异也反映了行政事业单位和企业不同的财务管理目标和特点。

二、行政事业单位与企业财务税收管理的业务流程差异

行政事业单位和企业都需要进行税务登记和申报，但具体要求和流程存在差异。行政事业单位的税务登记和申报一般由其上级主管部门负责，而企业的税务登记和申报则由当地税务局负责。

行政事业单位和企业都有自己的财务会计核算体系，其会计科目、报表编制和会计核算方法存在差异。行政事业单位的会计核算主要采用收付实现制，而企业的会计核算则主要采用权责发生制。

行政事业单位和企业都需要进行预算编制和支出管理，但具体要求和流程存在差异。行政事业单位的预算编制和支出管理需要遵循政府预算管理的规定，而企业的预算编制和支出管理则主要根据自身经营需要和市场环境而定。

行政事业单位和企业都受到审计和监督的约束，但审计和监督的机构、目的和方式存在差异。行政事业单位的审计和监督主要来自政府审计部门和财政部门，目的是规范单位财务行为、提高财政资金使用效益等。而企业的审计和

监督则主要来自投资者、董事会和外部审计机构，目的是规范企业行为、降低财务风险、保障企业长期发展等。

总体来说，行政事业单位与企业财务税收管理的业务流程差异主要体现在税务登记与申报、财务会计核算、预算编制、支出管理等方面，这些差异也反映了行政事业单位和企业不同的财务管理目标和特点。

三、行政事业单位与企业财务税收管理的风险管理差异

企业普遍具有较强的风险意识，对财务风险、税务风险等风险都较为重视，有较为完善的风险管理制度和应对机制。相比之下，行政事业单位由于其特殊的性质，对风险的重视程度相对较低，风险意识也相对薄弱。

企业通常建立较为完善的内部控制和风险管理机制，通过制定财务制度、审核审批程序等方式，对财务风险、税务风险等进行有效控制。而行政事业单位由于其组织结构和运营模式的特殊性，内部控制和风险管理机制的建立和实施相对困难。

企业需要定期向外界公布财务报告和相关信息，接受投资者、债权人、政府机构等方面的监督和审查，因此对财务信息的真实性、完整性和透明度要求较高。相比之下，相关部门对行政事业单位的财务报告和信息披露的要求较低，对其财务信息的公开性和透明度要求也相对较低。

企业的财务税收管理必须严格遵守国家的税收法律法规和其他相关法规，否则将面临税务处罚、法律诉讼等风险。相比之下，行政事业单位的财务税收管理在合规性方面的要求相对较低，但仍然需要遵守相关法规，否则可能会受到行政处罚或社会舆论的谴责。

总体来说，行政事业单位与企业财务税收管理的风险管理差异主要体现在风险意识与重视程度、内部控制与风险管理机制、财务报告与信息披露以及合规性与法律责任等方面。这些差异也反映了行政事业单位和企业不同的财务管

理目标和特点。

四、行政事业单位与企业财务税收管理的数字化转型差异

行政事业单位和企业财务税收管理的数字化转型阶段存在差异。行政事业单位的数字化转型起步较晚，尚未完全实现数字化转型。而企业则已经进入了数字化转型的高级阶段，数字化技术已经得到了广泛应用。

行政事业单位和企业财务税收管理数字化转型的重点存在差异。行政事业单位数字化转型的重点在于提高公共服务效率和质量，推动政务数字化转型。而企业数字化转型的重点则在于提高企业核心竞争力，实现数字化与业务深度融合。

行政事业单位和企业财务税收管理数字化转型的路径存在差异。行政事业单位数字化转型需要与政府数字化转型相互配合，实现数据共享和业务协同。而企业则需要通过引进先进的数字化技术和管理模式，优化业务流程，提高生产效率。

行政事业单位和企业财务税收管理数字化转型面临的挑战存在差异。行政事业单位需要解决信息不对称、数据孤岛等问题，提升数据治理能力。而企业则需要解决数字化转型过程中的组织架构、文化观念、人才队伍等方面的问题，打造数字化的组织架构和运营模式。

总体来说，行政事业单位与企业财务税收管理的数字化转型差异主要体现在数字化转型阶段、数字化转型重点、数字化转型路径以及数字化转型挑战等方面。这些差异也反映了行政事业单位和企业不同的财务管理目标和特点。

第四节 行政事业单位与企业面临的 财务税收管理问题及改进策略

一、行政事业单位与企业面临的财务税收管理问题

（一）行政事业单位面临的财务税收管理问题

随着经济的发展和财政体制改革的深化，行政事业单位在财务税收管理方面面临着许多挑战。为了更好地提高财务管理水平，必须对当前行政事业单位财务税收管理中存在的问题进行深入分析，并提出合理的解决方案。

首先，行政事业单位财务税收管理存在信息化程度不高的问题。在互联网时代，信息技术已经成为企业管理的重要工具。然而，一些行政事业单位的财务税收管理仍然停留在传统的手工操作阶段，信息化水平较低。这不仅影响了财务工作效率，还容易出现舞弊行为。因此，加强行政事业单位财务税收管理的信息化建设，提高财务管理水平，是当前亟待解决的问题。

其次，行政事业单位财务税收管理存在预算执行不力的问题。预算是行政事业单位财务管理的基石，但在实际执行过程中，预算往往难以落实。一方面，部分单位预算编制不科学，导致预算执行困难；另一方面，部分单位在预算执行过程中缺乏有效的监督和约束机制，容易产生预算外支出和浪费现象。因此，加强行政事业单位预算管理，加大预算执行力度，是提高财务管理水平的关键。

最后，行政事业单位财务税收管理存在税收风险防控不足的问题。随着税收制度的不断完善，税收风险已经成为行政事业单位财务管理的重要挑战。然而，一些单位在税收风险防控方面存在不足，导致税收违法行为时有发生。因

此，加强行政事业单位税收风险防控，提高财务管理水平，是当前需要关注的问题。

总之，行政事业单位财务税收管理面临诸多问题，需要从信息化建设、预算管理、税收风险防控等方面加以改进。应不断提高财务管理水平，为我国财政体制改革和经济社会发展提供有力支持。

（二）企业面临的财务税收管理问题

1.税收管理认识不足

部分企业对税收管理认识不足，首先表现为对税收管理的功能认识不深入。有的企业管理者没有认识到税收管理对企业经营管理的促进作用，将税收管理工作的重点放在了避税上，其税收遵从性较低，对税收管理存在消极应对的思想。在进行战略规划、经营管理方案设计、市场考察调研等活动时，没有认识到税收管理工作所能够带来的重要价值，没有充分考虑到税收管理、政策等方面的因素影响，没有从税收管理的角度进行决策规划，导致企业的经营管理决策难以充分发挥作用。

其次，有的企业管理者主要将注意力放在了经营管理、规模扩张和效益增长等方面，对税务管理的重要性认识不足，缺乏建设科学、完善的税务管理体系的意识；没有在税收管理方面加大资源投入，导致企业只进行了基础性的缴税工作，或将精力集中在偷税、漏税方面，没有建设合规、科学、先进、高效的税收管理体系，也就无法利用税收管理工作降低财务风险、提升经营管理质量。

最后，有的企业没有在企业文化建设中加强对税收管理方面的建设，没有形成税收风险管理意识，企业员工对税收管理缺乏了解。这样，企业的经营管理环节也就缺乏严格的税收风险管理流程，导致企业的税收管理工作质量难以提升。

2.税收管理和企业战略规划不匹配

企业的战略规划是企业明确发展方向、调整产业结构、制定经营目标的重要环节。税收管理只有和企业的战略规划充分结合起来，实现二者之间的相互促进，才能有效提升税收管理质量、提升战略经营效益。部分企业在战略规划的过程中没有认识到税收管理工作的重要性，导致税收管理和企业战略规划不匹配，没有全面预测、识别税务风险，没有衡量税收因素，导致战略执行到后期，才发现经营项目存在严重的财务和税务风险，导致企业的战略规划无法有效落实，产生了严重的财务损失。

3.税收管理组织结构不合理

部分企业的税收管理组织构架不够合理，没有形成专业体系，管理部门和人员结构相对较为松散，一些财务人员兼管税收，导致税收管理工作缺乏组织保障、效率不高，缺乏发展性。例如，部分企业缺乏税收管理的顶层构架，企业领导层没有设置管理委员会，也没有设置独立的税收管理部门，而是将其归于财务部门统辖管理。一些企业的税收管理只是负责发票管理和税务申报等工作，因此也由财务部门兼管。缺乏独立的税收管理组织部门，会使企业的税收分析、税务筹划等工作没有专业人员负责，影响税收管理工作质量，不利于企业的高质量发展。

4.税收管理执行机制不完善

企业的税收管理人员需要对税务风险进行预测和识别，判断风险来源、特征和因素，实施有针对性的税收管理应对措施，只有这样，才能有效提升税务风险防控能力，保障企业稳定发展。但部分企业的税收管理措施缺乏风险识别机制，没有针对税务风险在内部控制机制和流程的关键环节设置税收管理和风险识别机制，对税务风险的识别、评估和分析、应对等工作缺乏指标设计和处理流程规范，导致企业的税务管理无法实现对风险的有效、快速识别，无法及时发现潜在的税务风险，影响了税务管理质量。部分企业没有构建税收管理沟通协调机制，没有形成全过程的税收管理体系，导致业务部门与税收管理部门缺乏有效沟通，很多业务部门中涉税工作没有及时与税收管理部门进行沟通协调，税收管理部门对业务部门的税务状况也缺乏监督审查，从而出现了如超支、超标准扣除、虚开增值税发票等问题，导致企业在不知情的情况下出现了偷税、漏税的问题。被政府部门开具罚款或警告，不但要补缴税款，还要额外缴纳罚款和滞纳金，同时会影响企业的信用机制和社会信誉，给企业造成严重损失。

5.审查修正机制不完善

依据国家相关的税收法律法规和优惠政策，对企业的税收管理机制进行持续审查修正，保证企业税收管理的合规性和先进性，保证企业享受合法的税收优惠政策，是提升企业税收管理质量的重要一环。部分企业缺乏对税收管理的审查修正机制，没有专人关注、研究税收管理办法和优惠政策，导致企业对相关法律法规的规定范围和优惠政策的适用条件不够了解，很可能出现相关管理办法已经变动，企业不再符合原先的优惠条件，但仍然按照原本的税务申报办法进行申报的情况，从而导致企业出现无意识的偷漏税问题，被政府部门罚款、警告，造成严重损失。

二、行政事业单位与企业财务税收管理的改进策略

（一）行政事业单位财务税收管理的改进策略

随着我国经济社会的快速发展，行政事业单位在经济社会发展中的作用日益凸显。然而，在财务税收管理方面，行政事业单位仍存在一些问题，如财务管理不规范、税收管理不到位等。为了更好地发挥行政事业单位的作用，必须对行政事业单位的财务税收管理进行优化。

1.完善财务管理制度

行政事业单位要根据国家法律法规和财务管理制度，结合自身实际情况，制定一套完善的内部财务管理制度，加强财务收支管理，规范财务核算，提高财务管理水平。行政事业单位要加强对财务收支情况的监督，定期进行财务检查和审计，发现问题及时整改，防止财务违规现象的发生。

2.加强税收管理

行政事业单位要加强对税收政策的学习和理解，提高税收管理水平，确保税收政策得到有效执行。行政事业单位要建立健全税收风险防范机制，及时识别和应对税收风险，避免税收违法行为的发生。行政事业单位要加强对税收优惠政策的研究和运用，确保税收优惠政策充分发挥作用，提高财政资金使用效益。

3.加强队伍建设

行政事业单位要加强对财务税收人员的培训，提高财务税收人员的业务素质和职业道德，为提高财务税收管理水平提供人才保障。行政事业单位要深入推进党风廉政建设，加强对财务税收人员的廉洁教育，防止腐败问题的发生。

总之，行政事业单位要通过完善财务管理制度、加强税收管理、加强队伍建设等途径，不断提高财务税收管理水平，为我国经济社会的发展做出更大贡献。

（二）企业财务税收管理的改进策略

1.转变传统的税收管理思想

随着营改增政策的全面实行，企业税收负担大大减轻。同时，也对企业的税务工作提出了更高的要求，企业管理层需要加强对企业的税务管控，尽早规划，加强自我剖析，转变传统的税收管理理念，树立新型税收管理观念。税收管理人员需熟练掌握国家颁布的相关税务政策、优惠政策，结合企业的发展实际，制定相关的税收管理工作条例，以改善企业当下的财务状况，减轻企业的纳税负担。由于财务税收管理工作涉及资金等敏感问题，因此对其管理会更加严格，税收管理人员需要在相关法律法规的约束下，仔细检查、认真核对，提高企业的整体利润。同时，企业管理层应遵循"职能划分、制约监督"的原则，将管理手段前移，由事后管理转变为事前、事中、事后的全过程管理，增强税收管理工作的动态性，形成严格的内控体系。只有这样，才可保证企业税收管理工作的科学性和规范性，降低资金管理工作的差错率，确保企业财务运行安全。

2.加强税收管理人员培训

加强对职工的培训，不仅有利于提高职工的专业能力，还能在提高其综合素质的同时，为企业带来更多的经济效益。目前，我国的税务法律法规不断完善，企业税收管理人员的工作也面临巨大挑战。

税收管理人员作为税收管理工作的主要参与者，需要准确分析企业现阶段的财务状况，精通国家法律法规，拥有良好的职业道德素养和较强的工作能力，以适应新形势下企业财务税收管理工作的需要。因此，企业需要加强培训，通过业务知识培训与职业道德教育，提高管理人员的工作能力与道德素养。加强法律法规和标准规范教育，以规范税务人员的行为，增强其工作责任感，使其不跨越行业红线。与此同时，完善相应的考核制度和人才奖惩制度，将税务工作与税收管理人员工资挂钩，以提高税务人员的工作积极性。提高税务人员的薪资待遇，采取柔性引进政策，吸引更多高素质的人才加入，不断提高企业税收管理工作质量。充分运用追责制度与考评机制，防止制度缺失，避免执行不到位，通过信息共享与知识转移的方法，不断提高税务人员的素质，逐步建立起一支专业、负责的税务人才队伍。

税收管理人员应学习先进的税务思想，熟练掌握相关的税务知识，为企业税务工作提供智力保障。税收管理人员自身还需加强专业理论的学习，对最新的税务法律法规进行分析，从而为税务工作奠定基础。

3.完善税务风险防控机制

风险与机会并存，这是企业经营者必须明白的道理。因此，在税务活动中，企业需做好自查自纠工作，及时发现潜在的税务工作风险，并采取积极的措施予以消除，以保证税务工作的合法性、合规性。税务执法部门也需重点关注企业的税务问题，及时识别、处理企业税务风险。同时，企业还需按照相关法律法规的要求，完善税收管理内部控制制度，构建风险防控体系。税收管理人员需要做好对企业资金状况的分析工作，及时发现异常问题并做出合理分析，将最终的分析报告提交至各管理层,科学评估企业税务工作,降低企业税务风险,以保证企业经济效益的合法化、最大化。制定相应的风险预警机制,加强内部监督和管理,保证各部门充分行使自身的权利,使监督检查工作常态化,排查潜在的管理隐患,确保税务工作安全进行,将税收风险引发的损失控制在最低水平。

4.加大对企业税收管理的监督力度

完善的税收管理制度是税务工作有效开展的重要前提。现阶段,税务工作的滞后性导致违规税务行为时有发生。因此,相关部门必须加强对企业税务工作的监督和制约,严格按照规定的原则和程序监督实际的纳税活动。国家需要按照规定对相应的税务法律进行完善,以法律和制度约束企业纳税行为,规范税务工作,提高税务工作的科学性、统一性。企业内部应结合企业实际情况,主动约束自身行为,加强内部控制,健全执行监管体系,以规范税务工作,建立并完善相应的管理制度,将责任落实到人,引导税收管理人员正确认识税收管理工作,提高重视程度,加强集中管理。设立专门的管理小组或管理部门,加强对税收管理工作的监督,将相应的责任分解到人,明确税务工作责任考核范围,采用薪酬激励办法,根据企业财务目标逐级考核,做到权责清晰。完善相应的追责制度,防止制度缺失,避免执行不到位。在税务监督过程中,若存在违规操作,不仅需要纠正错误事项,还需要对相关责任人追责,并按照制度进行相应的惩罚,杜绝以权谋私,以保障监督工作落实到位。

5.开展科学的税务筹划

凡事预则立,不预则废,企业的税收管理工作也是如此,企业应在各项税务法律法规的基础上,结合企业的财务现状,做好税务筹划。在经济活动中,充分考虑不同地区、不同产品之间的税收差异,最大程度地减轻企业纳税负担。对相关的纳税节点进行仔细研究,结合不同的税务政策,充分考虑企业权益,做好税收筹划,科学、合理地制订纳税方案,合理避税。加强对企业发票的管理,健全保管制度,以保证企业税务工作的合法性、合规性。

企业在生产经营活动中，若处于非税收优惠期，可选择本期存货成本最大化计价方法；在所得税减免期，则可选择存货成本最小化计价方法。同时，合理利用财务杠杆，发挥利息的节税效应，减轻企业税负，以实现最终的税收管理目标。

6.优化调整企业核算体系

随着营改增政策的全面实施，企业的财务工作也发生了巨大的变化，尤其是在财务核算流程方面，更是变化巨大。营业税与增值税的申报方式的不同导致核算体系发生显著变化。在小规模纳税人与一般纳税人之间、不同行业之间，财会核算体系差距大，因此企业需要不断优化调整税收财会核算体系，对会计账簿与新增税收进行调整。

目前，财务核算软件已经基本普及，但受到现行税法与会计准则之间差异的影响，部分财务核算软件未能充分考虑税收管理工作的要求。因此，企业必须不断加强财务核算信息化建设，借助现代信息技术，对税收管理活动进行更有效的控制与监督，以实现税收管理与企业生产经营管理的匹配。税务企业应制订详细的培训计划，定期开展信息化培训，认真安排实施，使广大财务人员特别是青年财务人员具备必要的信息技术应用技能。若企业选择电子账本的记账方式，则需对现有的财务软件进行调整，从而实现"不偷税漏税、不多缴税"的缴税目标。建立单位数据库，利用云计算手段，结合多种技术的优势，整合财务信息与业务信息。采取集成化的核算，分析企业战略执行情况，以实现数据化管理。发挥税收管理预警机制的作用，及时发现企业税收管理中存在的问题，有效规避经营风险。

税收"取之于民，用之于民"，而国家的大部分税金是由企业缴纳的，因此加强企业税收管理非常重要。在新形势下，我国的税收管理越来越规范，企业税务工作的涉及面广、资金数额大、开支类型复杂。财税环境日益复杂与税务征管日益严格的情况，给企业的财务税收管理带来了更多的合规性挑战，企业对降低税收成本的需求更加强烈。因此，企业需明确税收管理工作的重要性，以相应的国家法规政策为依据，注意各部门之间的协调沟通，切实加强对税务工作的管理，加强对税务人员的业务培训，合理筹划税收，避免出现偷税、漏税的行为，坚持合法原则，及时有效地解决财务难题，助力企业更好成长。企业在实施税收管理措施的过程中，应灵活变通，结合企业自身的发展现状，切忌盲目照搬其他企业、行业的实施方法。唯有如此，企业才能获得长远的发展。

第五节　行政事业单位转企改制的
财务管理案例研究

一、Z 行政事业单位简介

Z 单位是一家汽车轮渡管理处，属于 H 省省属自收自支的行政事业单位，资金由 H 省财政厅管控，日常运营由 H 省交通控股有限公司管控；成立于 20 世纪 70 年代，是 H 省南北交通干线越江枢纽，主要承担越江过渡车辆任务并提供运输国防战备服务，日渡运能力达 1 万辆，实行 24 小时通航，多年来承担了大量的社会、军事和外事渡运任务，在社会主义现代化建设和国防交通战备方面发挥了重要作用。

该单位拥有两岸汽渡码头 6 个泊位，9 艘 28 车渡和 1 艘 32 车渡渡船，可载车辆 284 辆，拥有 4 艘趸船、1 艘油船、1 艘油驳，累计渡运车辆超 5 570 万辆次，渡船安全航行 340 多万航次，为 H 省交通事业的振兴和国防交通战备作出了积极的贡献。该单位执行"收支两条线"的行政事业单位财务管理制度，主要收入来源为汽车过渡费，汽车过渡费属于行政事业性收费，开具行政事业性收费专用收据，收入全部上缴省财政厅，支出由省财政厅下拨。

二、Z 行政事业单位改制方案

根据 H 省相关政策和会议精神，Z 单位在行政事业单位分类改革中被确定为生产经营类行政事业单位，纳入省属生产经营类行政事业单位改革范围，改革完成时间为 2019 年 6 月。这就意味着该单位将转型为企业，完全参与到市场竞争中来。该单位的改革方案主要涉及以下方面。

（一）管理体制问题

Z 行政事业单位改革前承担战备、应急保障、水上搜救、抢险救灾等公益职能和汽车过渡的生产经营职能，改革后公益职能和生产经营职能将彻底分离。由 H 省另一行政事业单位设立二级机构，承担 Z 行政事业单位战备、应急保障、水上搜救、抢险救灾等公益职能；同时依法成立有限责任公司，Z 行政事业单位改革前的生产经营职能由新设公司继续承担，新公司将隶属 H 省交通控股集团有限公司，资金和日常运营由 H 省交通控股集团有限公司管控，新设公司将主要参照现代企业制度，建立公司法人治理结构。

（二）资产处置问题

Z 行政事业单位在上级主管部门指导下开展清产核资工作，编制资产目录和债权债务清单，对资产中的优良资产予以认定，对资产中的不良资产予以报废和核销。Z 行政事业单位委托中介机构审计及资产评估，审计结果和评估结果在单位内部公示，同时经主管部门审核后报财政部门批准。将批准后的净资产按下列事项提留有关费用：改制基准日前拖欠的工资及应缴未缴的社会保险费，离退休人员管理费、医药费及其他相关费用，提前退休人员相关费用，国家和省规定的已执行的其他费用。

经省财政厅批准，将土地、码头及附属设施、办公用房等非经营性资产转入 H 省交通控股集团有限公司内的 G 行政事业单位，由 G 行政事业单位及时登记入账并办理相关权证，原房屋土地无账面价值的按评估价值或名义价值补充登记入账；将流动资产、渡船等其他固定资产、相关债务等经营性资产减除报废资产、核销的不良债权及提留的离退休费用后的净资产转入新成立的公司，资产注入完成后，新公司股权由 H 省交通控股集团有限公司直接持有，新公司成为 H 省交通控股集团有限公司的全资子公司；计提的提留费用由新设立的公司划入承接非经营性资产的 G 行政事业单位。

（三）人员安置问题

为循序渐进改革，保持职工队伍稳定，原事业编制人员及离退休人员整体转入 G 行政事业单位，保留原事业性质人员身份及待遇，待遇调整按国家有关规定执行，并实行实名制管理，通过自然减员逐步消化；不愿保留事业身份的，经书面申请，可以转为企业人员，也可辞聘另谋职业。原有非事业编制人员统一转入新成立的公司，实行聘用制，重新与新公司签订劳动合同，且改制前与改制后职工的工作年限合并计算，不愿与新公司签订劳动合同的，可协商解除劳动关系。原行政事业单位所有职工承接新公司的新的岗位。

（四）机构设立问题

Z 行政事业单位应申请设立有限责任公司，取得企业法人营业执照；并申请注销原事业法人，上交原《事业单位法人证书》及相关印章。

三、Z 行政事业单位转企改制对财务管理工作的要求

财务管理工作是行政事业单位转企改制的重点工作，下面分别从改制前、转企改制过程中以及改制完成后三个阶段进行阐述。

转企改制前，首先财务部门要配合做好改制的宣传引导工作，充分利用单位的网站、公众平台、公开栏，针对改革工作不同时期的工作重点，加强正面

宣传和舆论引导，提高干部职工对行政事业单位改革的认识，化解职工对改革的疑虑，确保改制工作的稳步推进。其次是厘清家底，对单位资产进行全面盘点清查，对负债、留存收益等进行摸底；同时制订单位资产处置方案，方案应包括单位基本情况，资产剥离情况，净资产按政策分割、转移后的处置意见，国有资产转让条件、转让方式等情况。最后是做好转企改制成本的预测，包括离退休人员的离退休费、在职在编人员的提留费用，改制实施时的审计费、资产评估费用等。

转企改制过程中，即在单位转企改制方案批准后，应从以下几个方面开展财务管理工作。第一，要牵头做好资产清查，由上级部门指派和聘请中介机构进行资产清查和评估工作，将全部资产纳入资产清查范围，对清查发现的资产盘盈、资产损失和资金挂账等事项进行核算，并对清查结果进行专项审计。第二，要牵头做好资产评估工作，经营类事业单位整体或部分改制为有限责任公司或者股份有限公司并进行产权转让、国有资产流转等，要按规定进行资产评估，并对不同资产进行不同的处置。第三，做好相关费用的提留工作，应按下列事项提留相关费用：改制基准日前拖欠的工资及应缴未缴的社会保险费、离退休人员相关费用、调整劳动关系的职工安置费用或经济补偿金、提前退休人员有关费用、国家和省规定的已执行的其他费用。第四，按照企业财务、会计制度对各项资产、负债重新分类，做好工商、税务登记。

转企改制完成后，为确保财务管理工作平稳过渡，推进建立科学的现代企业制度，应从多方面发力。第一，提高财务管理人员的专业能力，以适应现代企业的财务管理要求。行政事业单位和企业的财务、会计制度以及税务工作等有很大不同，应组织财务人员集中学习企业相关的财务管理知识，使其工作方法和思维尽快转变为企业财务管理工作的方法和思维。第二，重建财务管理框架。应根据改制后企业的经营管理目标，完善财务管理制度，规范相关流程，建立纳税筹划体系，提高企业的竞争力和盈利能力。第三，提高风险防控能力，防范资金风险。改制后，完全自主经营、自负盈亏，没有了财政资金来源，财务管理人员要合理调配资金，控制资金风险，这样才能保证企业稳健、可持续发展。

四、Z单位财务管理转型措施

（一）健全财务管理制度

1.夯实财务管理转型基础工作

行政事业单位改制为企业单位，其会计制度由事业会计制度转变为企业会计制度，对企业财务管理工作要求发生极大的改变，而对新会计制度的适应，则要求强化财务管理队伍建设工作，有针对性地组织财务人员进行专业技术培训，促使财务人员对企业会计制度做出深入且准确的理解，使财务管理人员对企业化运作的财务管理改革做出探索，确保财务管理工作理念得以重构和创新，实现财务管理改革平稳有序推进。Z单位企业化改革，制度先行，尤其是财务管理制度的健全与完善，对单位改革的深化有着举足轻重的影响。应结合企业自身实际情况，在充分考虑国家政策法规的基础上，构建一套切实可行的财务管理制度，以规范单位的经营管理，对单位的资产管理、资金使用、预算编制、财务监督评价等工作进行规范和指导，保证企业在融入市场化竞争后提高自身抗风险能力和竞争实力。该单位的财务管理制度优化应聚焦财务管理制度的薄弱环节，从建立和完善资金管理制度、固定资产管理制度、财务预算管理制度三个方面来健全该单位的财务管理制度。

2.健全资金管理制度

Z单位的主营业务均为现金收入，两个收费站每天都有很大的现金流，改制前Z单位注重现金收入的管理，但对现金的使用管理较为薄弱。改制后，Z单位应进一步健全资金管理制度，以确保资金安全完整，保证合理需求，提高资金周转率。

该单位的资金管理制度应从以下几方面来健全：

（1）规定资金的审批权限，规范资金的使用流程。对日常零星开支可以采用"一支笔"审批制度，对大额资金的使用应由相关有权限的人员进行集体决策和审批。所有资金的支付严格按规定的使用流程来进行，即资金使用人填制报销单，部门负责人和分管领导审批，财务主管进行复核后再由出纳支付。

（2）建立资金预算制度。Z 单位改制后，资金由集团的财务中心进行管控，需要对资金进行年度预算及月度预算，因此应制定资金预算制度，形成"年度资金预算、月度资金计划"资金管控模式，明确资金使用部门对资金支出进行预测、财务部门对资金收入进行预测，编制年度及月度资金预算计划，并严格按计划执行，合理使用闲置资金，提高资金的使用效率。加强资金监管，防范资金风险。对资金计划的日常执行情况进行监控，对重大工程项目要求承接单位支付履约保证金，防止因工程项目无法完工而产生的支付风险。

3.建立财务预算管理制度

Z 单位改制后应建立财务预算管理制度，加强财务预算管理，规范财务预算行为。财务预算管理制度应当包括财务预算管理的组织机构、预算形式、编制流程、执行与控制、预算调整、分析与考核。

（二）建立预算管理体系

1.建立预算管理组织体系

Z 单位改制后实行企业化运作，设立董事会，改制后应设立预算管理委员会，履行全面预算管理职责，其成员由企业法定代表人及内部相关部门负责人组成，企业法定代表人对企业财务预算管理工作负总责；预算管理办公室和考核机构可设在企业财务部门；各职能部门是预算执行机构。其中，财务预算编制与财务预算审批、财务预算审批与财务预算执行是不相容岗位。

2.完善财务预算的编制工作

财务预算编制是财务预算的关键环节，也是财务预算的出发点和落脚点，应制定科学合理的预算编制模式。Z 单位改制后隶属于 H 省交通控股集团有限公司，财务预算的编制工作将按 H 省交通控股集团有限公司下发的财务预算编制方案进行。Z 单位的财务预算主要应包括年度收入预算、年度支出预算、资本支出预算、资金预算及财务总预算。收入预算应包括主营业务收入（车辆过渡收入）、其他业务收入、投资收益以及营业外收入预算等；年度支出预算应包括主营业务支出、其他业务支出、税费支出、期间费用以及营业外支出预算等；财务总预算应包括预计利润表、预算资产负债表、预计现金流量表等。财务预算的编制，一般应按照"上下结合、分级编制、逐级汇总、审查平衡、审议批准、下达执行"的程序进行，应以目标利润为起点，以现金流为核心，按照先经营预算、资本预算、资金预算，后财务总预算的流程进行。

3.强化财务预算的执行与控制

年度财务预算一经审议批准，就作为企业年度日常经营、投融资活动以及财务收支的依据，对企业各部门均有约束效力，各预算执行单位应按照批准的预算，认真组织实施，严格执行，并将年度预算细化为季度预算、月度预算，通过分期控制保障年度预算目标的实现。

财务部门要加强对货币资金收付业务的预算管理，及时组织资金收入，严控资金支出，调节资金收付平衡，严格控制资金风险。纳入预算的资金拨付，按授权审批程序执行；未纳入预算的支出项目，不予支付；虽已纳入预算，但支付手续不健全、要件不合规、审批手续不齐全的支出项目，不得支付。已纳入预算的大额成本费用支出、重大固定资产购置、工程建设等，如果执行环境发生变化，需要调整预算，则须重新报批后执行。

应建立预算执行情况内部报告制度，及时掌握预算执行动态及结果。对预算执行中出现的新情况、新问题及偏差较大的项目，积极与预算执行部门沟通，充分、客观地分析原因，并提出改进建议和措施。同时要求预算执行部门对重大差异进行解释和答疑。

4.规范财务预算的调整

预算下达后，一般不调整。在预算执行过程中如果预算执行结果发生重大变化或因不可抗力而使预算编制基础不成立，经审批后可调整预算。Z 单位在预算执行过程中，根据对当年实际经营状况的重新判断，组织财务部门对财务预算进行全面调整，并通知各执行部门据实调整财务预算。调整预算时，应编制调整方案，阐明预算执行的具体情况、导致预算变动的客观因素及其对预算执行造成的影响，提出预算的调整项目及调整幅度，提交预算审批机构进行审批。

5.健全财务预算的分析与考核制度

建立财务预算分析制度，定期召开财务预算执行分析会议，全面掌握财务预算的执行情况，研究和解决预算执行中存在的问题，提出纠正偏差的建议。财务预算分析是运营分析的重要部分，相关责任部门在会议中应对财务预算分析报告中的重要差异做出合理解释，分清是由内部可控因素还是外部不可控的环境变化导致的财务预算差异，并提出解决方案。预算年度终了，财务部门应向预算审批机构报告年度财务预算执行情况，并依据财务预算完成情况对预算执行部门进行评价、考核。

（三）建立纳税筹划体系

1.增值税纳税筹划

我国增值税计税方法，分为一般计税方法及简易计税方法，一般纳税人提供特定应税服务，可以选择其中一种，但是 36 个月内不得变更。一般计税方法可抵扣进项税额；简易计税方法下进项税额不能抵扣，应纳增值税＝当期销售额×征收率。Z 单位主要提供轮客渡公共交通运输服务，收入来源主要有汽车过渡费和旅客过渡费，改制前汽车过渡收入属于行政事业性收费，不需缴纳增值税，Z 单位增值税应税收入仅限汽车过渡收入之外的旅客过渡收入和租赁收入，小于 500 万元被认定为小规模纳税人，旅客过渡收入及租赁收入按 3%征收率计算缴纳增值税。改制为企业后，汽车过渡收入和旅客过渡收入均属于应税收入，根据收入规模，属于增值税一般纳税人，按税法规定此类收入可选择一般计税方法计算缴纳增值税，也可按简易计税方法计算缴纳增值税。计税方法的选择不仅影响增值税，也影响企业所得税缴纳的金额，因此应综合考虑，科学选择计税方法。

2.企业所得税纳税筹划

固定资产的企业所得税纳税筹划可以利用加速折旧税收优惠政策，包括缩短折旧年限、加速折旧和一次性扣除三种方法。企业所得税法所称可以采取缩短折旧年限或加速折旧方法的固定资产需要符合一定的条件，包括由于技术进步，产品更新换代较快的固定资产；常年处于强震动、高腐蚀状态的固定资产。Z 单位固定资产主要为办公设备、渡船、房屋等，不满足上述任一条件，因此无法运用缩短折旧年限或加速折旧的方法进行纳税筹划。按照相关规定，企业持有的单位价值不超过 5 000 元的固定资产，以及在 2018 年 1 月 1 日至 2020 年 12 月 31 日新购进的单位价值不超过 500 万元的设备、器具，允许计算应纳税所得额时在税前一次性扣除，不再分年度计算折旧。假设 Z 单位在 2020 年购入渡船一艘，支付税后价 160 万元，预计使用年限 10 年，净残值为 0，会计上按直线法计提折旧。税法上可以采用与会计处理一致的政策，分年度计提折旧，每次抵减企业所得税 4 万元；也可以采用在 2020 年一次性扣除，抵减企业所得税 40 万元，与分年度计提折旧相比，企业所得税减少 36 万元，现金流增加 36 万元。若采用一次性扣除，会计与税法处理的差异将产生应纳税暂时性差异，但不会影响企业的净利润。

税法规定企业发生的与生产经营活动有关的业务招待费支出，按照发生额的 60%扣除，但最高不得超过当年销售（营业）收入的 5‰。业务招待费的范围在会计制度和税法中没有给出明确的界定。在目前的税务执行中，招待费主要是企业出于生产经营需要，为联系业务或促销、处理社会关系等而发生的支出。Z 单位近几年营业收入的 5‰均在 80 万以上，而业务招待费均在 50 万元以下，不超过营业收入的 5‰，因此应从降低业务招待费基数入手来进行纳税筹划。Z 单位应正确核算业务招待费，把控好业务招待费和其他费用的界限，不要出现将其他费用（如员工食堂就餐费用、活动聚餐费用等）计入业务招待费的情况。

《中华人民共和国企业所得税法实施条例》规定，"企业安置残疾人员的，在按照支付给残疾职工工资据实扣除的基础上，按照支付给残疾职工工资的

100%加计扣除"。用人单位安排残疾人就业达不到规定比例的,应当缴纳保障金,保障金年缴纳额＝(上年用人单位在职职工人数×规定的安排残疾人就业比例－上年用人单位实际安排的残疾人就业人数)×上年用人单位在职职工年平均工资。Z单位有一些岗位劳动强度弱、所需技能低,可以考虑聘用残疾人员。Z单位现有职工400人,月平均工资4000元,若聘用6名(400×1.5%＝6)残疾人,可享受按支付给残疾人工资的100%加计扣除政策,6名残疾人的年工资为28.8万元(6×4000×12＝28.8),可以少缴纳企业所得税7.2万元(28.8×25%＝7.2)。

第六节　财政税收对市场经济发展的作用分析

一、财政税收对市场经济发展的作用

财政税收是国家维持政府运行,调控国民经济发展、布局的途径和手段。财政包括财政税收、财政收入、财政支出、财政拨款、财政投资等方面。财政收入主要来源于税收,财政税收对国民经济的作用如下:

①财政税收是国家组织财政收入的基本形式。

②财政税收是国家调节经济的重要杠杆。

③财政税收是国家实现经济监督的重要手段。

国家税收收入占国家财政收入的绝大部分,税收可以使财政收入得到切实保障,使国家职能得到充分发挥。

国家通过征税,可以促进生产发展、技术进步,可以调节收入分配,维持社会稳定。

　　国家的税务部门通过日常的税收征管工作，可以深入企业内部，了解企业经营活动，打击偷税、漏税，挽回经济损失。

　　当前，管理工作具有区域化、层级化的特点。中央政府主要进行宏观调控，利用政策干预经济的整体发展方向，以及利用法律政策完成把控和管理。地方政府部门负责处理地方事务，各部门分管工作事务。这种模式分工明确，能跨部门、跨地域、跨阶层地开展工作，保证政府内部各个部门之间的信息沟通，也能更为方便地发布信息，便于公众获知信息。

　　在科学财政税收理念的指导下，政府财政税收工作能顺利开展，从而使地方政府的宏观经济调控方式更加满足社会经济发展的需求，顺应社会发展的变化，提升相关部门的工作效率。地方政府和中央政府在信息技术的支持下，也能形成更为稳固的联系，方便中央政府了解各项政策的实施效果，贴合地方实际需求和经济发展需要制定更为有效的宏观策略，有效解决民生问题。

二、财政税收对市场经济发展发挥作用的难点

（一）数字化水平不足

　　受过去长期形成的工作模式的影响，我国政府在财政税收方面存在数字化水平不足的问题，地方工作部门存在一定的思维惯性，影响了对财政税收的监督。有些地区的网上业务处理平台结构并不完善，很难实现有效的跨部门、跨区域、跨层级处理，还有一些地区存在部门、区域之间信息沟通不畅的问题。不同省份之间不能实现数据共享，严重影响了市场经济宏观调控工作的整体开展。之所以出现这种情况，是因为政府部门之间对信息的敏感度不足。一些政府工作人员对这一方面的认识不足，没有意识到在经济快速发展的背景下，公众对政府部门的服务有更为严格的要求。数字化水平不足、信息沟通机制不健全的情况，制约了政府管理和调控的效果，还造成了运算资源、数据存储设备

的浪费。

（二）网上工作效率低

在各行各业快速发展的背景下，政府各个部门都建立了数据平台，但是这些数据平台存在数据分散的问题，容易出现信息缺失、更新不及时的情况，原因在于政府各个部门之间没有建立起信息共享机制，很难有效共享信息，在信息时代依然使用传统的认证方式。在这种情况下，政府开展财政税收工作相对比较困难，市场经济发展情况和预期目标之间也存在比较大的差距。同时，一些政府部门不太关注网上关键信息，导致办事效率相对较低。

（三）缺少有效的监督保障体系

建立健全监督保障体系既能保证市场经济发展的效果，也能提升政府工作人员对工作改革的重视程度，目前由于事中、事后监管不足，所以在实际开展工作的过程中，难以取得理想效果。虽然媒体披露在一定程度上可以纠正存在的问题，但也往往仅采取救火式监管，只能解决表面问题，难以从根源上解决当前工作中存在的问题。一些地区不看重对监管工作的长期建设，所以短期内严格管理一段时间后往往会放松监管。在数字化建设、市场经济发展的背景下，工作中出现的新问题比较多，必须通过监管不断完善配套制度，而在缺少有效监管的情况下，机制很难健全，直接影响了改革的效果。

三、发挥财政税收对市场经济发展作用的建议

（一）提升数据的开放性

数据开放是财政税收的基础，如果存在不开放数据的地区或者部门，就会直接影响整体工作，导致市场经济无法持续发展。为此，必须重视数据开放的

技术研发和制度建设,实现部门之间、区域之间、上下级之间的数据共享和数据交流。例如,设计统一的数据格式、数据解析方式、数据接口,明确对数据储存的要求,满足不同单位解析数据的需求。根据工作、保密需求,明确数据安全级别,依据安全级别进行数据开放。国家应加强推动各省之间的数据共享,满足跨区域办理业务的需求,缩短群众的办事时间。

(二)加强信息共享制度建设

在财政税收推动市场经济发展改革的背景下,很多政府部门都建立了网上业务办理平台,近年来在逐渐完善的平台上,也可以顺利办理很多业务。但是,平台依然存在开发不足的问题,在业务办理的范围、使用体验等方面仍然需要进一步加强。政府出现财政税收问题是因为转型过程中操作存在偏差,没有认识到数字化改革是减轻线下业务办理压力,满足跨部门、跨区域业务办理需求的有效途径。在实际工作中,一些部门没有充分考虑人民群众的需求,针对不同业务都开发对应的办理软件、办理程序等,导致部门内部业务系统整合度不足,部门拥有两个、多个平台的情况较多。同时,不同的业务平台之间缺少信息共享渠道,不仅增加了群众的使用难度,也增加了部门工作人员的审核难度。所以,在利用财政税收推动"放管服"改革的过程中,不能仅仅注重对各类软件、程序的开发,也要加强不同业务之间的整合,精简平台,实现各个平台之间的数据共享,将多个部门、区域的业务融合在同一平台上,实现业务信息的共享。

(三)加强应用平台探索

在中央政府的号召下,地方各级政府都积极开展有利于市场经济发展的财政税收工作,中央政府也通过有效的政策引导,为各级政府的数字化建设提供参考,一定程度上解决了转型过程中存在的问题。但是,由于政府部门职能较多,财政税收、信息融合形式多样,需要使用不同类型的技术,导致政府部门在财政税收工作中依然面临很多问题。针对不同的工作业务，需要选择不同的管理模式，政府部门需要根据实际情况进行综合考虑，确定正确的技术开发方向，并综合考虑不同部门的职能、工作重点，设置合理的平台权限，确保平台建设符合部门实际工作情况，探索高效、合理的平台建设方式。

在进行应用平台探索的过程中，也要发挥中央政府的宏观调控作用，保证不同地区的应用平台拥有相对统一的模式。市场经济发展过程中，完善相关工作需要一定的成本，因此应该加强对平台设计规范等方面的探索，建立专门的研究部门，解决各地区、各部门在平台开发过程中遇到的问题。在建设和运行的过程中，也要注重对资金和资源的把控，减少开发和运营过程中的浪费，确保工作能达到理想效果，避免因经济损失而影响正常的财政税收。在平台建设探索的过程中，也要保持理性，确保投资、研发方向的合理性，使相关研究充分发挥作用，加快地方政府部门的改革速度。

（四）完善"互联网＋"政务生态系统

政府可以利用"互联网＋"模式，打造智慧政府生态系统，用全新的理念解决目前政府部门之间的信息孤岛问题。为此，需要在涉密业务之外，尽可能地将所有的政务事项都放在网上办理平台，利用"互联网＋"技术解决部门之间、地区之间的信息壁垒，保持系统稳定运行。为实现资源的优化，应加强对线上、线下资源的重组和整合，对不同部门进行全新定位。同时，应用大数据技术，能够优化平台建设方式，确保市场经济管理工作的高效开展。

（五）做好财政税收使用效率评价工作

对财政税收的使用效率进行评价是发挥财政税收资金使用效益的重要方面。首先，以部门的具体职能为评估依据，避免出现"一刀切"的问题。由于一些单位和部门倾向于提供公益性服务，因此不能简单地将这些单位的财政收入作为唯一的考核依据。对于一些市场导向性较强的单位和部门，可以更加重视相关的经济效益评价指标，这样有助于加强对税收资金使用效率的科学评价。其次，评价指标体系的构建非常重要。为避免定性评估造成的主观评估问题，评估单位可以参考内部审计部门、政府高级审计部门和外部审计人员对自有资金使用情况的评估，因为我国行政事业单位具有重要的公共服务属性，在构建评价指标的过程中难以量化。还可以邀请外部专家进行评估，这有助于提高评估结果的可靠性，充分发挥税收资金在市场经济发展中的作用。

第四章 行政事业单位财务会计
与管理会计融合

第一节 行政事业单位
及其财务管理的特点

行政事业单位作为一种特殊的组织形式，在我国社会经济生活中发挥着重要作用。随着我国财政管理体制改革的不断深入，行政事业单位的财务管理也逐渐成为一个重要课题。本节既探讨了行政事业单位的特点，也探讨了行政事业单位财务管理的特点。

一、行政事业单位的特点

行政事业单位是指由政府或公共机构设立的以提供公共服务为主要目的的具有独立法人地位的单位。这些单位通常具有管理、监督、执行和辅助等职能，为我国社会经济发展和民生保障做出了重要贡献。下面从几个方面介绍行政事业单位的特点。

（一）公共性

行政事业单位的最显著特点就是公共性。它们的主要任务是为公众提供各类公共服务，如教育、科研、卫生、社会保障、文化、环境保护等。因此，行政事业单位的服务对象通常是不特定的广大群众，而非特定的个体。

（二）稳定性

行政事业单位通常具有较为稳定的组织结构和人员编制。由于其承担的职能关系到国家和社会的正常运行，因此这些单位的设立、变更和撤销都需要经过严格的程序审批。同时，单位内部的职位和人员编制也相对稳定，为员工提供了较为明确的职业发展路径。

（三）法治性

行政事业单位的运作和管理严格遵循法律法规和政策规定。这些单位需要遵守国家相关法律法规、政策和规章制度，接受政府主管部门的监督、检查和指导。此外，行政事业单位的财务、资产管理等方面也应严格按照国家相关规定执行。

（四）公益性

行政事业单位的工作重点是保障国家和社会公众利益。这些单位的工作目标是满足公众的基本需求，提高民生福祉，而非追求利益。因此，行政事业单位在资源分配、项目审批等方面，通常把社会效益放在首位。

（五）专业性

行政事业单位的工作人员通常需要具备较高的专业素质和技能。由于这些单位承担的职能多样，涉及领域广泛，因此对员工的专业技能要求较高。行政事业单位在招聘、选拔和使用人才时，通常会注重应聘者的专业背景和实际能力。

总之，行政事业单位作为我国公共管理和服务体系的重要组成部分，具有公共性、稳定性、法治性、公益性和专业性等特点。了解这些特点，有助于人们更好地认识行政事业单位的职能、定位和作用，为推进国家治理体系和治理能力现代化提供有力支持。

二、行政事业单位财务管理的特点

行政事业单位作为一种特殊的组织形式，在我国社会经济生活中发挥着重要作用。与此同时，行政事业单位的财务管理也具有自身的特点，这些特点与行政事业单位的性质、任务、管理体制等方面密切相关。

首先，行政事业单位的财务管理具有明显的公共性。行政事业单位承担着为社会提供公共产品和服务的重要职能，其资金来源主要为政府拨款。因此，行政事业单位的财务管理必须严格遵守财政纪律，确保资金的合理使用和有效监督。与此同时，行政事业单位的财务成果也直接关系到社会公共利益，因此其财务管理需要注重社会效益，以实现公共利益最大化为目标。

其次，行政事业单位的财务管理具有复杂性。行政事业单位涉及的领域较多，其财务管理需要应对各种复杂的经济业务和财务问题。此外，行政事业单位的财务管理还受到多种因素的影响，如政策法规、部门预算、政府采购等。因此，行政事业单位的财务管理人员需要具备较高的专业素质和综合分析能力。

最后，行政事业单位的财务管理具有动态性。随着我国政府职能的转变和行政事业单位改革的推进，行政事业单位的财务管理面临着不断变革和调整的压力。行政事业单位需要根据改革的要求，不断优化财务管理制度和流程，以适应新的管理环境和任务需求。

总之，行政事业单位的财务管理在遵循一般财务管理原则的同时，还具有自身的特点。行政事业单位应充分认识到这些特点，并在财务管理工作中加以体现，以实现财务管理的规范化和现代化。同时，各级政府和有关部门也应加强对行政事业单位财务管理的指导和监督，促进行政事业单位财务管理水平的不断提高。

第二节　管理会计与财务会计的联系与区别

会计是随着社会生产力的提高和经济管理的需要而产生和发展起来的。现代社会，会计为企业管理者和企业外部的会计信息使用者提供真实可靠、准确及时的会计信息，由此推动了企业的发展。因此，会计是企业不可缺少的重要部分。

一、管理会计与财务会计的联系

财务会计与管理会计作为现代会计体系的两大分支，在许多方面都存在差异，但二者并不是完全割裂的，而是相互关联、相互补充的。管理会计利用财务会计信息对企业经济活动进行预测、决策，而这种预测、决策是否正确，最终还要通过财务会计进行检验。管理会计不能离开财务会计单独存在，它是财务会计功能的延伸和深化，二者的最终目标都是建立良好的现代企业管理体系。具体而言，管理会计与财务会计的联系主要表现在以下几个方面。

（一）信息同源

财务会计是对凭证、账簿和报表的资料进行核算分析，管理会计信息的主要来源仍然是财务会计系统中有关记账、算账的信息资料。管理会计经常直接引用财务会计的凭证、账簿和报表的资料进行分析研究和必要的加工、改制和延伸，从而更好地为企业内部管理服务。例如，对成本按其性态进行重新归纳、组合，把成本分为固定成本和变动成本两大类。在此基础上，进行成本预测、变动成本计算和本—量—利分析、差别成本分析、弹性预算的编制等，而财务会计所反映的企业经济活动是用管理会计提供的信息进行决策和控制的结果。

（二）信息资料互补

管理会计所形成的各种信息资料，可以作为财务会计报告中的补充资料。例如，上市公司的年度财务报告，往往会涉及企业的业绩评价和薪酬激励计划资料、财务预算和盈利预测数据等。财务会计通过对企业日常发生的经济业务所对应的会计要素进行确认、计量和报告而形成的会计信息资料，是管理会计进行规划、决策、控制与业绩评价的主要信息来源。

（三）总体目标相同

虽然管理会计与财务会计提供信息的用途有所区别，但这并没有改变它们作为企业经营管理工具的本质，其总体目标都是加强企业经营管理和实现企业最佳经济效益。

二、管理会计与财务会计的区别

（一）工作侧重点不同

财务会计工作的侧重点在于，通过一系列专门的会计核算方法，定期对外提供会计报告，满足企业外部债权人、投资者、财政税务部门、金融部门、上级主管部门及公众（包括潜在的投资者等）的需要，向上述与企业有利害关系的团体和个人报告企业的财务状况和经营成果。其具体目标主要是为企业外界服务，从这个意义上说，财务会计也可称为"对外报告会计"。

管理会计工作的侧重点在于加强企业内部管理，对企业的生产经营活动进行预测、决策、规划和控制，并对各个部门的工作业绩进行考核和评价，为企业内部各级管理人员提供有用的信息。其具体目标主要是为企业内部管理服务，从这个意义上来说，管理会计也可称为"对内报告会计"。

（二）作用时效不同

财务会计的作用时效主要在于反映过去，它只是根据客观性原则，对已经发生的经济业务进行核算和监督，它强调客观性和可核实性，坚持历史成本原则，因为财务会计反映的都是过去实际已经发生的经济业务，所以它实质上属于算"死账"的"报账型会计"。

管理会计的作用时效不仅在于分析过去，还在于能动地利用有关资料控制现在、预测和规划未来。因此，管理会计实质上属于算"活账"的"经营型会计"。

（三）工作依据不同

为了取信于人，财务会计工作必须严格遵守一般公认的会计原则。在我国现阶段，财务会计工作还必须遵守会计法、企业会计准则和行业会计制度的规定。

管理会计主要是向企业内部各级管理人员提供加强内部管理所需要的信息，而且是面向未来，涉及的领域比较广泛，所以它在很多方面可以不受上述原则和制度的约束。例如，在短期经营决策时，可以不受历史成本的约束，充分考虑重置成本和机会成本等因素的影响；在长期投资决策时，可以不受币值稳定假定和权责发生制原则的约束，按照收付实现制原则确定各期的现金净流量，并充分考虑货币的时间价值对决策方案的影响。

（四）工作程序不同

财务会计必须执行固定的会计循环程序。经济业务发生后，首先要取得和填制原始凭证，对原始凭证进行审核并据以填制记账凭证，然后要过入有关总账、明细账和日记账，进行试算平衡、成本计算，期末要进行账项调整，最后在财产清查保证账实相符的基础上编制各种会计报表。通常情况下，不得随意变更工作内容或颠倒会计循环程序，因为它本身具有一定的强制性。在会计实务中，尽管不同行业之间经济业务的类型差异较大，但是财务会计循环的程序基本是固定的。

管理会计的工作程序是不固定的。企业可以根据自己的实际情况和管理需要，自行设计管理会计工作流程。有些能够从财务会计中直接取得的成本和收入资料，管理会计就没有必要按照固定的程序重新计算。在会计实务中，不同企业间管理会计的工作程序具有较大的差异。

（五）计算方法不同

财务会计计算方法比较简单，只涉及初等数学的知识，而且运用范围也较小，一般情况下，加减乘除四则运算就能大体上满足财务会计计算方面的需要。

管理会计在计算方法的运用方面要求更高，为了解决复杂的经济问题，越来越多的高等数学、统计学方法、资金运筹学方法等被应用到管理会计中来。例如，应用回归分析法进行成本性态分析；应用微积分法计算边际收入和边际成本，以确定产品最优价格；应用概率分析法进行各种预测和决策分析；应用线性规划法进行产品最佳组合的决策分析等。

（六）工作范围不同

财务会计主要以整个企业为核算对象，全面、系统、连续地核算和监督企业发生的全部经济业务，提供集中概括的财务会计信息，用来反映整个企业的财务状况和经营成果。其全面性要求凡属于该企业的经济业务都必须加以记录，不能有所遗漏。

管理会计主要针对企业局部的特定问题进行预测和决策，以企业内部的各个责任中心为单位进行业绩考核和评价。同时，管理会计也从整个企业的全局出发，认真考虑各项计划与决策之间的协调配合和综合平衡，把局部和全局有机地统一起来。

（七）会计报告方面不同

财务会计提供的会计报告需要对外公布，对准确性和真实性要求较高，并要承担一定的法律责任。为了便于有关部门进行汇总和比较分析，财务会计报表的格式比较固定，并要求定期对外报送。

管理会计提供的信息主要满足对内管理的需要，而且有许多是涉及未来的信息，不要求绝对精确，只要求具有及时性和相关性。由于它们一般不向社会发布，法律效力不高，因此只有参考价值。管理会计报表属于企业内部报表，没有统一的格式，企业可以根据管理需要自行设计，而且会计报告的编制时间也是不固定的。

（八）人员素质要求不同

财务会计的主要任务是对外提供会计信息，主要强调信息的真实性、相关性、及时性和清晰性，对会计人员的专业素质要求较高，对会计人员的知识方面相对而言要求并不苛刻。财务会计工作一般需要专业操作能力较强、工作细致的专门人才来承担。

管理会计的主要任务在于加强企业内部管理，为企业内部管理服务。由于管理会计的方法灵活多样，又没有固定的程序可以遵循，因此其体系相对来说缺乏统一性和规范性，管理会计的工作水平在很大程度上取决于会计人员的素质。同时，由于管理会计工作需要考虑的因素较多，涉及的内容和方法比较复杂，因此要求从事这项工作的人员必须具备较宽的知识面和较深厚的专业造诣，具有较强的分析问题、解决问题和果断应变的能力。再加上管理会计所涉及的问题大多关系重大，尤其是决策工作，绝不允许素质较低的人员瞎参谋、乱指挥。因此，管理会计工作对会计人员素质的起点要求比较高，需要由复合型高级会计人才来承担。

第三节　行政事业单位财务会计
与管理会计融合的理论基础

一、行政事业单位财务会计与管理会计融合的具体方面

要想实现行政事业单位财务会计与管理会计的融合，就要明确二者的区别和联系，确定二者的共同点，基于共同的原则，将二者有机地结合起来，这就是财务会计与管理会计融合的基础，下面将介绍财务会计与管理会计融合的具体方面。

（一）财务会计与管理会计信息化的融合

信息时代为二者的有机融合提供了便利的条件，不仅降低了企业的成本，还提高了处理事务的效率。对于管理会计和财务会计来说，二者的融合首先体

现在信息的输入以及整个的信息控制过程中。在进行财务信息输入的时候，管理会计和财务会计所使用的财务信息基本相同，因此实现了二者的融合。

（二）财务会计与管理会计系统的融合

针对整个融合过程中出现的问题，必须使用好过渡性措施，确保在融合的时候，尽量获得理想的效果，少走弯路。对于以往的合同管理形式，需要进行全面的转变，提升融合后的合同管理针对性，确保合同管理符合融合要求。尽可能逐渐实现管理会计和财务会计表达结果的融合，提升结果融合的表现性。在二者独立发展的基础上，进行系统化更新，统一二者运行的核算体系。

二、行政事业单位财务会计与管理会计融合的必要性

（一）提高财务管理水平

在新发展格局下，行政事业单位财务会计与管理会计的融合使会计工作模式得以创新，在发挥财务会计和管理会计各自优点的同时实现互补，继而取长补短，实现行政事业单位会计工作体系的整体优化，最大限度地提高行政事业单位的财务管理水平，促进行政事业单位高质量发展。

（二）共享会计信息资源

行政事业单位通过财务会计整合财务数据，通过管理会计提高对数据的加工和利用能力，因此财务会计与管理会计的融合发展能够提高行政事业单位财务数据的动态性和可靠性。通过财务会计与管理会计的信息共享，行政事业单位管理人员能够更加全面地了解单位的会计信息，进而实现在数据支撑下调整单位财务管理模式的目标，提高预算管理、成本归集等核心财务信息的利用价值，促进行政事业单位会计信息资源共享与利用。

（三）提升行政事业单位经营质量

在新发展格局下，行政事业单位发展模式更加多元，特别是企业化管理方式的应用，使会计处理要点发生变化。而财务会计与管理会计的融合能够打通会计凭证组织、账户系统、账簿系统及财务报告组织中的信息通道，实现分类、采集、保存会计信息与资料。因此，针对行政事业单位业务繁、散、多的特点，可以通过财务会计与管理会计的融合，更加精细化地记录与核算会计数据，实现会计处理水平的提升。同时，财务会计与管理会计的融合能够增强会计的预测能力，进而更好地实现对单位会计数据的综合利用，准确了解市场发展情况和政策动向，这对于提升行政事业单位经营质量具有重要意义。

三、行政事业单位财务会计与管理会计融合的可行性

（一）财务会计与管理会计形式不同但实质相同

行政事业单位财务会计和管理会计虽然外在形式不同，但理论本质上都包含决策、估值、管理、控制等含义，二者的融合可以为行政事业单位的财务管理提供有力保障，从而优化行政事业单位财务管理体系，提高其工作效率和资源利用率。

（二）可靠的技术资源已具备

新发展格局下的数字经济应用规模不断扩大，在数字政府转型的大背景下，行政事业单位运用互联网信息技术改善工作环境、革新工作理念已取得一定成就。大数据、云计算等数字技术在行政事业单位中的普遍应用，使得财务预算管理、成本分析、风险控制和绩效考核等职能真实落地，为财务会计与管理会计信息的共享互联奠定基础。在数字技术的支持下，行政事业单位财会人

员在工作中的跨界尝试逐渐增多，传统会计思维被打破，取而代之的是综合性的财务管理能力。这为财务会计与管理会计的融合提供了有力支持。因此，数字技术的应用给行政事业单位财务管理工作带来了新的发展机遇，通过数字技术推动财务会计与管理会计融合，对于提高行政事业单位财务管理水平具有重要意义。

（三）政策导向为财务会计与管理会计的融合保驾护航

早在 2011 年，《中共中央 国务院关于分类推进事业单位改革的指导意见》就指明了行政事业单位市场化转型的发展方向。此后，在经济转型的背景下，国家进一步对管理会计的应用进行了详细规划，明确要求行政事业单位将管理会计应用于不同领域和环节，梳理、再造业务流程，并加强对管理会计工具方法的应用，提高融合发展质量。在新发展格局下，行政事业单位体制机制转型愈发迫切，为加快财务会计与管理会计的融合，推动行政事业单位会计数智化发展，相关政策文件层出不穷。这些政策文件为行政事业单位财务会计与管理会计的融合提供了充足保障，使得财务会计与管理会计的融合具有现实可行性。

第四节　行政事业单位财务会计
与管理会计融合的挑战及对策

一、行政事业单位财务会计与管理会计融合的挑战

（一）行政事业单位缺乏财务战略思维，融合意识薄弱

在新发展格局下，财务会计与管理会计的融合是一种全新的管理模式。而在传统财务管理制度下，行政事业单位的领导和财务人员对财务会计与管理会计融合的战略价值认识不足，没有认识到二者的融合不是简单的数据交换而是系统业务体系的升级。部分财务人员依旧认为在财务会计与管理会计融合发展的过程中，只需要做好记账和算账等工作，在工作中侧重预算和支出控制，忽视了整体管理和绩效优化，未能把握二者的融合对于单位财务管理战略化升级的重要价值。

（二）行政事业单位内控薄弱，缺乏精细化管理

随着国家政务服务职能的精细化，次级行政事业单位的数量也越来越多。一些行政事业单位未能根据新时期数字化单位建设的要求完善内控制度，致使部门之间出现职责冲突，且在日常工作中未能重视财务会计与管理会计融合发展的价值，也未能及时发现财务会计与管理会计融合过程中存在的问题，仍采用低效率的会计工作模式。此外，一些行政事业单位的财务会计和管理会计统筹管理缺乏执行性强的内控制度和协调制度，精细化管理不足，这也是导致单位财务会计与管理会计融合流于形式的关键因素。

（三）行政事业单位缺乏复合型人才

财务会计与管理会计的融合，离不开了解现代数字财务理念和精通数字财务核算管理的复合型人才。然而，当前一些行政事业单位的财务人员依旧采用传统财务管理模式，中心工作主要围绕会计核算展开，重点工作目标是单位预算管理、收支平衡、成本费用控制等，且工作模式仍为事后核算，涉及的财务数据共享也都在事后进行。而财务会计与管理会计融合模式的全面有效发展需要行政事业单位做到以管理为中心，将工作目标由此前的部门内配合调整为跨部门协同，进而提高财务服务系统化水平。由此可见，缺乏能够全面掌握计算机、大数据和云计算技术且深谙行政事业单位财务管理重难点的现代复合型人才是行政事业单位财务会计与管理会计融合的一大问题。

（四）缺乏有效的财务会计与管理会计融合数据库

财务会计与管理会计的有效融合需要与之匹配的数据库作为支撑。行政事业单位财务会计与管理会计的融合是一项精细的管理工作，二者融合的过程涉及海量数据，且部分数据烦琐复杂，只使用传统财务管理工具无法准确厘清不同会计数据之间的联系，往往使行政事业单位忽视财务数据在管理决策方面的重要作用，从而导致财务管理效率降低。目前，一些行政事业单位尚未针对财务会计与管理会计的融合建设相应的数据库，使得会计数据搜索效率低、利用率低成为制约财务会计与管理会计高效融合的主要因素。

二、新发展格局下行政事业单位财务会计与管理会计融合发展的策略

（一）完善财务战略管理，强化会计融合意识

为提升财务会计与管理会计融合发展的水平，行政事业单位需要持续完善财务战略管理，引导单位领导和财务管理人员认识财务会计与管理会计融合的价值，继而在财务战略的驱动下强化财务会计与管理会计融合意识。具体来看，一方面，行政事业单位要积极举办新时期财务管理转型讲座、研讨会，学习和分享财务管理创新理念及其具体实践案例，同时加强内部宣传，以帮助财务管理人员树立正确的财务会计与管理会计融合观念。另一方面，行政事业单位要有针对性地加强对财务管理人员的会计融合业务培训，以此增强其会计融合意识，使其更好地适应新时期行政事业单位财务战略实施的实际需求。

（二）完善内控体系，助力会计融合发展

行政事业单位加强内控管理不仅是财务会计与管理会计融合发展的需要，还是新发展格局下单位自身体制机制改革的需要。第一，确保会计内部控制体系的全面性。行政事业单位在财务会计与管理会计融合的背景下制定的会计内部控制体系要与行政事业单位发展目标相一致，在符合会计内部控制体系需求的同时提高内部控制体系的动态能力。同时，行政事业单位还需要提高会计信息收集效率，通过设置会计信息权限等方法提升会计融合能力。第二，建立健全预算管理体系。完善的预算管理体系对于新发展格局下的行政事业单位非常重要，因此在实践中，行政事业单位需要针对单位各部门参与授权、信息处理、职责分离与实物控制等方面加强相关制度建设，确保各项预算和决算的顺利实施，从而为财务会计与管理会计的融合提供支持。

（三）加大培育复合型会计人才力度

优质的人力资源是实现行政事业单位财务会计与管理会计融合发展的必要条件。当前，行政事业单位复合型会计人才不足，会计人员对现代会计工作模式、内容和目标存在误解，因此需要有针对性地培育复合型会计人才。

一方面，行政事业单位要加强人才管理机制建设。对于财务部门工作人员，行政事业单位要改变以往以工龄和经验为标准的人才选拔思维，以充分发挥每位员工最大胜任能力为标准挑选职员，根据岗位胜任力评价结果，将个人能力、态度、价值观、认知与行为等有关工作绩效的相关特征用特定的评价方式加以整合，实现择优上岗，保证将合适的职员留在相应的岗位上，以更好地满足新发展格局下财务会计与管理会计融合发展对高素质人才的需求。

另一方面，加强行政事业单位财务会计与管理会计融合的账目建设、会计核算以及信息披露方面的知识与实操能力培训。行政事业单位领导层应有针对性地邀请会计领域资深专家及从业者定期为单位财务人员组织技能培训，使单位财务人员熟练掌握大数据背景下会计系统的使用方法，从而完善会计业务操作规范；在知识培训阶段，要为财务人员提供充足的相关学习资料和丰富的网络学习资源，以此提高财务人员对财务会计与管理会计融合工作重要性的认识；在能力素质培训阶段，要运用实际案例进行教学，促进一线会计从业人员的能力提升。

（四）提高技术水准，建设会计融合数据库

行政事业单位要加强对各种信息化、智能化技术的应用，通过引进大数据、云计算等智能技术将财务会计数据与管理会计数据进行整合。可以构建涵盖部门信息、管理制度和财务信息的现代财务数据库，通过对财务数据进行标准化、网格化分类，完成智能化改造，并在此基础上利用数据挖掘和数据共享平台加强会计数据信息的互联共享，在提高财务数据利用率的同时防范财务会计与管理会计融合初期出现的各种财务与业务风险，从而提高会计融合能力。

在新发展格局下，随着市场竞争日益激烈，行政事业单位财务管理工作的现代化创新也愈发迫切。财务会计和管理会计是行政事业单位财务管理中的两个重要方面，二者的融合发展非常重要，同时还具有现实可行性。然而，当前行政事业单位财务会计与管理会计的融合仍存在一些问题，制约着行政事业单位现代化财务管理体系的构建。因此，行政事业单位需要从完善财务战略管理、完善内控体系、加大复合型会计人才培育力度、建设会计融合数据库等方面进行创新发展，持续推动行政事业单位财务会计与管理会计高效融合。

第五章　企业管理会计应用的
"中国式路径"选择

第一节　平衡计分卡模式

一、平衡计分卡模式的适用条件

要想发挥平衡计分卡在管理会计中的作用，就需要具备一定的前提条件，并非任何企业引入平衡计分卡都能成功，即使在欧美发达国家，也有不成功的例子存在，所以在引入之前应对这一工具的适用条件有一个清晰的认识。

（一）企业感知竞争压力

众所周知，全球化已经影响我国经济生活领域的各个方面。在可以预见的未来，这种影响将会越来越大，经济全球化的一个直接影响就是使所有企业面临着不断加剧的竞争。在我国加入世界贸易组织之前，许多具有超前意识和竞争意识的企业已经在为适应加入世界贸易组织之后的竞争而准备，也有许多有识之士为入世后我国的民族产业如何摆脱落后局面出谋划策，这些都说明了竞争能够促使人们不断地改变自我。竞争的压力是企业谋求发展的内在动力，这正好是平衡计分卡得以实施的内在因素，但采取行动必须以竞争压力为企业所感知为前提条件。有时虽然竞争压力较大，但企业尚未感知，那么这种竞争也是不会形成发展动力的。目前我国仍有部分企业没有认识到竞争形势的严峻性，依然照常规行事。对于这样的企业，如果为了赶时髦而引入平衡计分卡，则如同给牛车安上了飞机用的轮胎，不会起到应有的积极作用。竞争的压力能够使企业形成借助先进管理手段摆脱困境的原动力，而缺乏这种压力就很难发挥平衡计分卡的积极作用，从而也就很难达到预期目标。

（二）以目标与战略为导向

目标是企业在未来要实现的结果，通常意义上和战略相关的目标是指企业的长远目标。只有在找到了正确的目标后，企业才能确定前进的方向，而战略则是企业前进征途中的望远镜，是企业在市场这一海洋中遨游的指南针。当为企业的长远发展制定了目标之后，战略的作用就是为解决如何才能达到这个目标提供思路。平衡计分卡的成功之处就是将企业战略置于管理的中心，所以企业要想应用平衡计分卡，就必须以战略为导向，即使企业还没有制定出有效的战略，引入平衡计分卡也正好可以帮助企业重新认识和制定战略。

（三）具备民主的管理体制

在激烈的竞争中，采用平衡计分卡要求企业必须采取"四轮驱动"。前轮是员工的积极参与，后轮是管理者的管理模式。只有这样，企业才能在快速运行的市场经济之中机动灵活地做出反应，而不会陷入经营管理失败的泥潭之中。平衡计分卡在应用中能够充分发挥员工的作用，它既不同于以往偏重控制员工的企业战略，也不同于那种往往只停留在口头上而难以付诸行动的宣传口号。平衡计分卡必须在具备民主式管理风格的企业平台上运行，使员工能够充分参与企业战略的制定与实施。如果一个企业尚不具备民主式的管理风格，那么在平衡计卡实施的过程中，随着员工参与度的提高，可以将管理风格转变为民主式的管理风格。从这一意义上来说，平衡计分卡不仅具有业绩评价功能，还具有改变企业文化的作用。

（四）较高的成本管理水平

作为平衡计分卡四方面之一的顾客面，其基于以下的管理思想：对于企业来说，真正的利润中心在顾客那里，在企业内部只有成本中心，是顾客而非企业本身造就企业。因此，平衡计分卡要求衡量出一位顾客给企业带来的利润是多少，这个要求在传统的成本管理方法下是不能实现的。只有引入新的成本管理方法——作业成本法，才能真正发现每一位顾客所能给企业带来的利润情况。美国管理会计学家卡普兰（Robert S. Kaplan）的研究结果显示，在作业成本法下，即使是购买同一产品的顾客，由于定单数量、定单要求的不同，这个顾客各次购买给企业所带来的成本是不同的，因此给企业带来的利润也是不同的。当然除了成本，企业还需要注重产品的质量等其他一些影响顾客选择的因素。

（五）建立配套的信息系统

在概念上，许多新的评价手段和战略方法已经在多处讨论。所谓新，往往是指这些方法和手段有数据处理的能力，能使人们迅速、低成本地获得需要的信息。过去，这需要花费许多时间和金钱。多年以前，对时间和动作的研究使传统的成本会计法得以通行。而现在，计算机的使用使人们可以采用作业成本法。如果没有计算机，这样做实际上是不可能的，其实互联网的产生更为企业获得信息和传递信息打开了广阔的前景，信息时代真正来到我们身边。企业必须建立起自己的信息系统，以更快的速度和更低的成本传播、分析、储存更多的信息。信息系统框架是伞状结构的，能使信息层层向上汇总，它包括管理一家企业所必需的所有信息分类、产生这些信息的方法，以及信息流动的有关规定。设计一个企业新的信息框架时，首先，需要有助于企业推行其战略的数据，尤其是顾客服务、创新、质量以及人员素质等以往企业关注不够充分的数据。其次，信息系统必须使企业能够得到所需要的业绩数据。到目前为止，评价财务业绩的方法是最复杂的也是挖掘得最深入的，复式记账发明后，就提炼出了这套方法，至今人们仍在这个领域做着不懈的努力。与此相反，人们在改进评价市场份额、质量、创新、人力资源、顾客满意度等方面所做的努力却少得多。其次，必须制定出信息流动管理制度，对谁负责评价业绩、谁负责生成数据、谁负责接收数据等问题进行规定。平衡计分卡所需要的大量数据的汇总分析必须借助这样的信息系统才能完成。

二、利用平衡计分卡推动管理会计应用

建立合理的平衡计分卡模式并运用于管理会计较为关键。建立合理的平衡计分卡模式大致分为五个阶段：细分公司战略规划，在战略规划中量化公司目标，在战略实施过程中全面把握公司战略，在激励机制构建中调动经营者的积极性，完善公司绩效评价方法、提高公司管理的质量与水平。经过运用实践后，成熟的平衡计分卡模式与企业管理会计的应用融合，将会带动企业综合竞争力的提升。

（一）细分公司战略规划

公司的价值创造反映在价值链的活动系统。公司最重要的任务是充分考虑供应商和客户对公司的价值创造活动的影响，重新审视渠道机制在公司的价值链中的作用，不仅要关注自己的价值增值过程，还要关注外部供应商、客户等，从而形成一个完整的公司管理制度。平衡计分卡模式是一个公司战略管理控制的一部分，它是实现公司战略目标的重要保证。因此，在战略管理视角下细分公司战略规划，有助于平衡计分卡模式在管理会计中的运用，同时认清在运作活动链上的优劣环节，创造新的竞争优势。

（二）在战略规划中量化公司目标

战略管理的意义是构建战略目标系统，不仅强调不同的利益的实现，而且强调所有的利益相关者之间的平衡关系。尽管平衡计分卡模式属于战略实施和控制环节，但关键绩效指标和评价指标体系建设必须紧密整合战略规划过程，即在战略规划的过程中，管理会计系统要跟上节奏，发挥数据方面的支撑作用。如果管理会计数据不能提供精细的数据记录和分析方面的支持，就没办法实现公司的战略目标。在管理会计视角下，平衡计分卡模式可以帮助企业全面掌握客户的需求。公司的细化业绩指标不仅是测量结果，也是关键的战略驱动因素，同时是评估战略目标的驱动因素。

（三）在战略实施过程中全面把握公司战略

平衡计分卡模式是战略实施过程中的重要环节，科学的平衡计分卡模式系统是战略成功实施的关键。平衡计分卡模式的反馈信息，可以为管理会计提供控制信息并及时修正与调整公司的策略。在管理会计的视角下，企业平衡计分卡模式体系帮助公司获得良好的经济效益，同时可以减少或消除浪费社会资源和企业之间无序竞争的现象。

（四）在激励机制构建中调动经营者的积极性

根据现代企业理论，公司现有多层次的委托—代理关系，委托人和代理人有不同的利益，其中最典型的是所有者和经营者之间的委托—代理关系。所有者和经营者之间的信息不对称，导致经营者倾向于追求自己的利益而牺牲股东的利益。因此，有必要在平衡计分卡模式中建立一个有效的激励机制，促使经营者选择和实施可以增加股东价值的活动，从而降低代理成本，调动经营者的积极性，促使平衡计分卡模式与管理会计更好地融合，从而实现财务管理的目标。

（五）完善公司绩效评价方法，提高公司管理的质量与水平

由于全球经济的复杂性，企业管理的质量和水平正面临新的挑战。公司的平衡计分卡模式融入管理会计的思想，一方面使管理会计在运用财务和非财务指标的具体量化的基础上，分析丰富的内容，更有说服力。另一方面，管理会计逻辑性强、结构清晰的企业绩效评价理念无疑会更为严格，这将促进企业平衡计分卡模式的发展，对各种指标及基本数据的把握更准确，进而促使公司管理包括财务管理有一个坚实的后盾，以突破传统的管理思想，极大地提高管理的质量和水平。

第二节　预算管理模式

一、预算管理模式实施的要点

预算管理是为数不多的能把组织的所有关键问题融合于一个体系之中的管理控制方法，现已成为大型工商企业的标准作业程序。预算是企业在一定期间内与经营、财务、投资等价值流相关的总体计划，是企业整体战略发展目标和年度计划的细化。

企业在运用预算管理模式推动管理会计的应用时，应当注意以下几个方面：

第一，把所有项目资金集中到总部形成资金池，规定每一项目每年要根据施工的进程完成独自的预算计划，计划、经营、设备、人力、物资、财务等部门全方位参与，在总部汇总修正调整后，再拨入年度预算，使项目资金运转得更畅通。

第二，获得项目之后，组织一批在行业中有发言权的财务、经营、技术

方面的人才测算盈亏度，然后根据项目预测指标实施激励措施，调动成员的积极性。

第三，在资本运作上，以预算方式合理地安排每个月、每个星期的资金，然后再按照计划进行资本运作，做好内保外贷及应收账款、保理等金融业务，降低资金成本，确保每个项目的资金流运转通畅。

第四，在文化建设上，通过企业文化建设提高员工的凝聚力和生产效率，将企业的使命、战略、长短期目标、计划、预算、激励制度、文化等相结合。

为了做到这几点，预算管理模式的实施可以遵循以下步骤：

（1）由预算委员会拟订企业预算总方针，并下发到各有关部门；

（2）组织各生产业务部门按具体目标要求编制本部门预算草案；

（3）由预算委员会平衡与协商调整各部门的预算草案，并进行预算的汇总与分析；

（4）审议预算并上报董事会，最后通过企业的综合预算和部门预算；

（5）将批准后的预算下达给各级各部门。

二、利用预算管理模式推动管理会计应用

预算管理在企业中主要具有以下五项功能：规划功能，预算管理通过对企业未来一定时间内的生产经营活动做出预期的安排，规划特定期间的企业目标，将企业整体目标数量化、金额化、具体化；协调功能，预算管理体现的是企业整体的利益，要求企业各部门、各成员为实现企业的总体目标而相互协调、共同努力；控制功能，预算管理的预算目标约束企业内部的各部门和各成员的行为准则，预算执行结果与预算目标的差异分析可以明确责任归属，针对预算管理中出现的问题做出相应的修正措施，并为下一次预算目标的确定提供重要依据；考评功能，预算管理的考评功能包括对企业经营业绩的整体评价、对企业各成员单位及员工的业绩评价；效率功能，预算管理为企业集团提供了有效

的信息沟通平台，可以极大地调动员工的积极性，提高企业的生产经营水平。那么如何在企业管理中发挥以上几项功能呢？

（1）企业需要转变对全面预算管理的认识。全面预算管理是一种全员参与、全方位编制、全过程控制的管理，如果没有企业各部门各级员工的一致重视、共同参与，全面预算管理就实施不起来，即使实施起来，效果也不好。因此，转变企业员工对全面预算管理的认识是企业各个职能部门和各级员工支持和配合全面预算管理工作、最终顺利实施全面预算管理的前提。

（2）有效地将全面预算管理与企业战略相联系，提高高级决策层对战略导向的全面预算管理的认识。目前，不少企业高级决策层对企业战略和全面预算管理的认识不足。要实施战略导向的预算管理，就必须提升决策层对全面预算管理重要性和必要性的认识，从战略高度重新认识全面预算管理，进而全力支持战略导向的预算管理。加强企业战略与全面预算管理之间的互动。全面预算管理是企业达到战略目标的手段，战略目标与预算管理脱节的主要原因是没有保持组织、人员、过程上的一致性。没有预算管理的支持，战略目标就无法实现。

（3）建立企业全面预算管理制度体系。制定制度时，应避免人为因素的影响，所有人员必须按照规章办事，这样就可以减少渎职行为。企业应该制定包括全面预算管理总则、预算组织及职能、预算管理的基本程序等在内的一系列预算管理制度，并形成一个完整的体系。

（4）建立适合企业的预算组织机构。企业需要在其组织结构中建立预算管理组织体系，根据业务特点和管理模式来确定职责并进行分工。机构部门有：预算管理委员会，作为全面预算管理的最高决策机构；预算办公室，作为企业内部专门组织预算管理工作的部门；预算编制、执行和反馈机构，也就是各责任中心。

（5）合理编制预算。选择合理的预算编制程序，选择正确的预算编制方法，做到工作计划与预算编制紧密结合。编制预算要充分考虑股东价值的因素，同时重视预算执行。调整分析考评工作预算的编制是开展全面预算管理的首要环节，但更重要的是对预算进行执行、调整、分析和考评。

第三节 价值流战略管理模式

一、价值流战略管理模式概述

价值流是指原材料转变为成品，并赋予成品价值的全部活动，包括从供应商处购买的原材料到达企业，企业对其进行加工后转变为成品再交付客户的全过程。企业内以及企业与供应商、客户之间的信息沟通形成的信息流也是价值流的一部分。

价值流管理就是把整个企业解构成若干个价值流，企业的管理和业绩考核都沿着价值流进行，每个价值流都将涵盖多个功能单元，其运营也需要大量人员的支持。例如，订单处理价值流，要从销售和订单开始，经过生产制造完成订单所需的产品，在产品售出后还需要售后服务的支持。所以，一个价值流的领导需要对价值流上的每个环节进行指导并对价值流的盈利能力负责，同时还应能够运用价值流管理工具寻找关键指标的改善机会并确定改善项目以提高制造企业的竞争力。

二、价值流管理在管理会计中的运用

企业应当以价值流为主体、作业成本法为核心、经济增加值为目标、平衡计分卡为基础，提升企业价值。

（1）根据产品种类或目标客户识别企业主要的价值图。例如，从产品数量方面分析，将生产量大的产品作为改进目标；从产品路径分析，把相同设备加工的产品或相同工序加工的产品划分成一类，然后选择某类作为改进目标。

（2）改造组织结构，按价值流组织员工，形成价值流团队，通过指标考核对员工加以管理，这样一来大部分员工将被分配到价值流团队中，只有一部分为多个价值流提供服务但不能明确归属到某一价值流的人员形成综合支持团队，来改进那些功能性的流程。

（3）列出关键指标来帮助企业实现主要战略，并确定相关指标的考核频率。企业陆续识别了企业层面、场点层面、价值流层面和单元层面的关键指标，并规定企业和场点层面指标按月考核，价值流层面的指标按周考核，单元层面的指标按日考核。价值流层面的关键指标如下：存货周转率、存货周转天数、每小时人均产量、缺陷部件的百万分率、价值流上的在制品总数、总周期时间或总增值时间、总订货提前期、正常运行时间、及时发货率、设备总有效性、首次检测通过能力。

（4）为价值流绘制价值流分析图。价值流分析图是一种使用铅笔和纸的工具，用一些简单的符号和流线从头到尾描绘每一个工序状态。"工序间的物流"信息流和价值流的当前状态图，找出需要改善的地方后，再描绘一个未来状态图，以显示价值流改善的方向和结果。价值流图分析就是先对运作过程中的现状进行分析，即对当前状态图进行分析，从顾客一端开始，首先了解顾客的需求情况和节拍，然后研究运作流程中的每一道工序，从下游追溯到上游，直至供应商。分析每个工序的增值和非增值活动，包括准备加工库存物料的转移方法等，记录对应的时间，了解分析物流信息传递的路径和方法，然后根据分析情况来判别和确定出浪费所在及其原因，为消灭浪费和持续改善提供目标。最后根据企业的实际情况，设计出新的价值流程，为未来的运作指明方向。

（5）定期开展系统性的持续改善项目，如按每季、每半年等。持续改善是一个永恒的主题，是任何组织与个体进步和成功的关键。追求"一蹴而就"，未必能够成功。持续改善首先要转变观念，"态度"是任何管理方法成功的保证，持续改善是创新和变革的基础。定期开展系统性的持续改善项目就是不断重复以上第三项和第四项的内容，价值流经理要不断审视关键指标的表现情况来帮助企业实现主要战略，运用价值流分析图工具寻找关键指标的改善机会并确定改善项目。

第四节　业财融合模式

一、加强财务与业务部门的合作

随着近代信息化建设的不断发展和推进，现代企业已经不是过去那样的只满足于单纯的财务信息化，而是把信息化管理延伸到了业务管理方面，形成了业务与财务的集成化管理模式，并且借助信息化管理平台来提升企业的管理水平。业财一体化就是将企业的业务流程、财务流程和管理流程集中到一起进行管理，使财务数据和业务数据融为一体。业财一体化的形成，有助于企业内部业务数据自动转为财务数据，从而有利于减少人为干预，加强财务对业务的监控，减轻财务人员的重复劳动。业财一体化是现代企业体现其工作效率和管理水平的有效途径。

业务财务是财务体系选派到业务单位的财务代表，担任业务单位合作伙伴的角色，作为财务专家为业务单位提供培训、咨询、决策支持等服务。同时，业务财务也是业务单位经营团队的核心层成员，协同业务单位其他成员参与业务单位的经营管理，为业务单位经营管理能力和绩效水平的提升提供支持，促进公司战略目标和经营计划的达成。业务财务是战略财务在业务单元的推进代表，负责公司相关财务战略、制度在业务单位的落实，及时反馈业务单位经营中存在的问题，起到财务和业务的桥梁纽带作用。

构建这种新型的业务合作关系需要注意以下几个方面：

一是职权创建，确保财务部门更好地为企业提供决策支持。这首先要求企业在财务部门形成正确的文化，转变财务人员的传统观念，使其认识到财务的职能不仅仅是堆砌大量数据，而是要通过数据分析提供有用的信息，参与到战略规划和战略制订过程之中。同时，这一新建文化需要得到企业内部其他部门的支持，认可财务部门是一个价值创造的部门，而财务部门也应该充分了解自己在企业价值创造过程中做出的贡献并能够说服其他部门认可自己的贡献。

二是修正信息。首先要求衡量哪些事项是最重要的，即确认关键的绩效指标，同时还要简化财务相关的技术应用，并对数据进行分类整理。

三是配备人才，这也是最困扰首席财务官的问题。企业首先需要建立一个良好的报告制度，随着财务部门更多地参与到运营单元，最为有效的报告制度应该是能让财务部门和业务部门之间互相融合。很多企业采用双线汇报的方式，财务人员既向首席财务官汇报，也向业务部门的负责人汇报。因此，企业要对所需人才的能力素质提前做出规划，同时要改变财务部门的思维方式。

二、财务与业务融合需要创造有利条件

网络时代的更新和发展，给企业的管理带来了很大的挑战，但也给业务与财务融合的管理模式创设了有利条件。网络经济要求企业在管理理念、管理方法和管理手段上不断创新，由此企业的业财一体化建设就得到了推广和认可。

业财一体化可以实现财务信息和业务信息的结合，从而实现资金、信息和物流的统一。在过去的企业财务和业务中，信息支持的缺乏，导致预算管理模式不到位，资金没有实现有效的集中管理，也导致资金使用效益低、报表时间过长、财务信息滞后等。由此，业财一体化管理模式得到发展，业财一体化主要以预算和资金为核心，企业通过管理系统的衔接，对员工的业绩和实现的价值进行跟踪管理，最终实现企业业务与财务的融合。

要想发挥业务财务的真正价值，就要通过科学的管理机制、有效的沟通机制以及资源保障为业务财务的运作创造有利环境。根据业务财务作为战略财务政策的执行者以及战略财务与业务单位中间协调人的职能定位，企业需要形成以战略财务为支点、业务财务为半径，辐射各业务单位的财务工作地图，业务财务的触角半径越长，财务战略的贯彻就越深入。在业务财务人员的配备上，基于价值链分析的方法，为每个价值环节配备相应的业务财务团队。在运作与管理机制上，通过矩阵考核激励机制、明晰具体的工作输出体系、沟通与培训机制等确保业务财务深入业务，真正发挥其价值。

三、财务与业务部门融合的具体措施

财务可以定位为业务最佳的合作伙伴。在现实中，集团层面的目标往往是实现利益最大化，而目标需要落实到具体的业务层面。为此，财务更要精通业务，需要把财务体系与整个业务流程联系起来。企业常常面临这样的困惑：订单拿了不少，但是哪些订单赚钱，哪些不赚钱，没有把握。而通过制度和流程，把产品的定价和成本核算都落实给财务，就可以保证每一份订单都能清楚地计算出成本和利润。这样就需要把财务工作的重点从过去主要为企业外部利益相关者服务转变为主要为企业内部管理者提供决策支持服务，亦即把管理会计在业务层面的运用植入公司的议事日程，使企业集团的管控工作落实到业务层面，使企业的财经体系真正参与到集团经营整个流程。

财务部门在对业务实施管控的同时，也要向业务部门提供服务。财务人员的工作不再是业务的事后核算和监督，而是转换为从价值角度对前台业务进行事前预测，计算业务活动的绩效，并把这些重要的信息反馈给具体的业务人员，从而为其行动提供参考，这时就扮演了策略咨询专家的角色。要成功实现以价值创造为目标的集团财务转型，需要财务管理活动向集团层面的协同和业务层面的管控两个方向延伸，提升财务管理相关能力。如何来提升这些能力，可从以下几个方面着手：

一是在提升价值创造能力方面，通过深化财务管理转型，把财务工作的重点转移到计划、预算、预测、决策、控制、分析等方面来，着重关注业务方面更有附加值的活动，充分发挥财务在决策支撑、资源保障、价值创造、风险防范等方面的作用，引领企业资源配置，带动企业管理变革，为创造企业价值服务。建立一个良好的考核评价机制，促进其实现预期的目标，达到较好的效果，同时也避免了竞争和市场上的风险。在考核机制的建立过程中，要从业务指标覆盖率和预算执行偏差率方面进行考核，设置的考核指标应有预算编制上报的准确率等。

二是在提高决策支撑能力方面，可以将会计基础核算等低附加值的作业集中，巩固财务会计的基础；将财务分析工作渗透到最小的业务单元，打通自上而下的管控渠道，提升分析评价能力，对决策发挥有效的支持作用。在实际的管理过程中，企业应当对一些成熟的、能够进行标准化管理的项目建立标准成本，通过对成本进行研究和分析，识别关键的驱动因素，明确有关业务的规模，再由各业务部门责任到人，一一落实，并结合企业的实际情况对数据进行反复预算和验证，制定出标准的成本项目。

三是在提升风险管控能力方面，完善以风险管理为导向的内部控制体系建设，建立需求预测模型，从客户的需求出发，按照市场的需求分析，识别市场增长的关键驱动因素并予以量化，建立一个合理的客户需求预测模型。在业务方面，应该建立经济调节模型，深入研究客户的贡献程度，并且要追溯到具体的项目上，加强对项目过程的全盘预算，在各个方面全面切入，实现资源和利益的最大化。在资金的监控上，要严格把关，把资金作为企业发展的动力。财务部门要看准行情，对业务部门的业绩进行考核，让它们在业绩提高的基础上还能获取更大的利益价值。再通过风险预警、风险应对、管理报告，以及审计、税务、资金管理等手段来管理流程，并把风险控制在合理的范围内。

四是在提升统筹协同能力方面，深化全面预算管理，将所有收入和支出的资金都纳入预算管理，进一步完善预算管理模型，加强业财融合，保障资金的流通或循环，努力提升预算精益化水平。按照月、季、年考核的要求，开展预算管理，定期分析和反馈预算执行情况，强化预算过程管控，努力提升预算执行力。加强资金管理，使其发挥正确的使用效益，在对资金的管理过程中，以费用归集为基础，按照资金的性质，将其归纳到相关的业务部门，充分发挥资金使用效益。开展全面预算管理、资金集中管理、财务信息化、内部控制建设、财务信息化等财务管理体系建设，使财务在企业信息链中的位置从末端转向前端，与业务体系的关系更加紧密，财务信息的关注点也从汇总过去转向面对未来，从而发挥财务对规范企业管理、优化资源配置、防范财务风险、提升经营绩效的促进作用。

五是在提升协调服务能力方面，通过统一平台，实现资源共享。企业资源计划项目系统的重要特点就是实现资源的共享。充分借助企业资源计划项目系统，从综合计划下达到结束等各个环节均在统一平台完成，从而使预算集中管控、核算、处理和查询，实现资源共享。在财务对业务的预算过程中，要正确建设相关预算系统，把每一位员工的工作价值都准确预算出来，都要集体进行核算，进一步审批和核查资金的发放流程，并且财务部门要对业务部门进行动态监控，努力实现财务的规范化。按照企业资源计划系统项目运行规则，对所有的经济活动和业务数据，进行多角度、多层次的记录、比较、分析，实时、动态实施预算监控。这种信息化的先进工具和手段使企业的财务人员从繁重、低价值的财务活动中解放出来，把注意力放在预算、投资、资金集中管理、财务共享等增加经济价值的活动上，有利于提升财务专业能力，推进以专业、负责、高效为标准的人才队伍建设。

　　总的来说，上述能力提升的关键在于财务人员的知识结构要从单一型向复合型转变，可以通过培训、交流、开展课题研究等形式，提升其财务管理能力。同时，通过建立与财务管理高度融合的、充分开放的现代财务管控信息系统，来提高管理效率，实现财务的管控创新和落地的目标。

参 考 文 献

[1] 包一玉.浅析会计集中核算下的行政事业单位财务管理[J].财会学习，2023（21）：34-36.

[2] 曹铭珺.财务共享理论下的企业资金链风险控制[J].上海企业，2023（9）：96-98.

[3] 陈晓阳.从内控视角加强行政事业单位财务管理[J].财会学习，2023（22）：7-9.

[4] 陈亦晨.刍议行政事业单位财务管理信息化建设[J].商业观察，2023，9（21）：104-107.

[5] 池晓娜.浅谈行政事业单位实施内部控制强化财务管理的策略[J].中国产经，2023（14）：173-175.

[6] 邓小芳.物流企业会计核算和财务管理存在的问题及对策[J].中国储运，2023（9）：159-160.

[7] 龚巧莉.管理会计量化工具与方法应用[M].昆明：云南大学出版社，2015.

[8] 官媛媛.新财税体制下如何强化行政事业单位财务管理探讨[J].中国乡镇企业会计，2023（7）：37-39.

[9] 郝晶.财务共享模式下的行政事业单位财务管理分析[J].商讯，2023（14）：33-36.

[10] 贾风雪.“双体系”下行政事业单位财务管理的改进[J].纳税，2023，17（20）：79-81.

[11] 江雪.关于行政事业单位加强财务管理信息化建设的思考[J].中国产经，2023（14）：122-124.

[12] 金蝶.中国首款财务大模型开启财务智能新纪元[J].新理财，2023（9）：

68-70.

[13] 康莉.财务风险防控视角的国有企业财务精细化管理[J].现代企业,2023（9）：25-27.

[14] 李慧娴.行政事业单位财务共享服务模式的探讨[J].行政事业资产与财务,2023（13）：94-96.

[15] 李锦锦.推进行政事业单位会计基础工作规范化建设的思考[J].西部财会,2023（8）：42-44.

[16] 李志清.高速公路企业财务共享中心建设面临问题及发展对策[J].内蒙古公路与运输,2023（4）：16-19＋23.

[17] 梁晨.物流运输企业财务管理优化及体系构建研究[J].中国储运,2023（9）：118-120.

[18] 梁宁杰.风电光伏发电企业财务管理与集约化模式解决措施[J].现代企业,2023（9）：30-32.

[19] 廖含.提高电力企业财务会计管理水平的措施[J].上海轻工业,2023（5）：53-55.

[20] 林超.国有企业管理会计与财务会计融合路径研究[J].现代审计与会计,2023（9）：28-30.

[21] 刘翔.预算管理与绩效考核在企业财务管理中的应用[J].上海企业,2023（9）：84-86.

[22] 卢希.信息化助力行政事业单位财务管理效能提升[J].财经界,2023（22）：114-116.

[23] 吕莹,汤文谷.数字化视角下BIM技术赋能财务风险预警[J].施工企业管理,2023（9）：94-96.

[24] 马立群.行政事业单位的财务管理信息化建设[J].纳税,2023,17（24）：106-108.

[25] 潘耀宗.外贸企业ERP管理环境下的财务风险控制[J].上海企业,2023（9）：93-95.

[26] 彭运春.大数据视域下国有企业财务管理创新探讨[J].石化技术,2023,30(9):192-194.

[27] 齐夏辉.现代物流企业财务管理存在的问题及应对策略[J].中国储运,2023(9):206-207.

[28] 宋晓君.试析基于内控视角行政事业单位财务管理的优化对策[J].商讯,2023(15):45-48.

[29] 武光瑞.国有房地产企业财务管理风险控制对策[J].上海企业,2023(9):81-83.

[30] 严考.行政事业单位预算管理问题及对策[J].纳税,2023,17(22):70-72.

[31] 杨化珠.新政府会计制度对行政事业单位财务管理的影响及对策研究[J].投资与创业,2023,34(14):178-180.

[32] 姚伟.行政事业单位原有固定资产折旧及提前报废业务探析[J].中国产经,2023(16):118-120.

[33] 殷洁静.企业智能财务系统的应用探究[J].中国农业会计,2023,33(17):54-57.

[34] 郁玲玲."互联网+"背景下对企业财务管理转型的几点思考[J].理财,2023(9):30-32.

[35] 袁琼.纺织服装企业财务管理工作初探[J].上海轻工业,2023(5):62-64.

[36] 张华.行政事业单位财务收支审计工作的研究[J].财会学习,2023(24):95-97.

[37] 张力维.行政事业单位财务预决算管理问题分析[J].行政事业资产与财务,2023(14):72-74.

[38] 张敏.大数据环境下财会工作的创新思考[J].上海企业,2023(9):90-92.

[39] 张婷婷.信息化系统对行政事业单位财务管理的影响与作用研究[J].财会学习,2023(22):23-25.

[40] 张遵琦.房地产企业财务风险成因分析与防控研究[J].今日财富,2018

（21）：126-127.

[41] 周莉梅，龚惠云，朱丹，等.行政事业单位资产日常盘盈账务处理案例探讨[J].行政事业资产与财务，2023（13）：75-77.

[42] 周瑜，申大方，张云娜，等.管理会计[M].北京：北京理工大学出版社，2018.